2857ᵃ
S. A

INSTRUCTIONS
POUR
LES JEUNES DAMES

Qui entrent dans le Monde, se marient, leurs devoirs dans cet état & envers leurs Enfans;

Pour servir de Suite

AU MAGASIN DES ADOLESCENTES:

PAR

Mme LE PRINCE DE BEAUMONT.

TOME TROISIÉME.

A PARIS,

Chez DESAINT & SAILLANT, rue S. Jean de Beauvais, vis-à-vis le Collége.

MDCCLXIV.

Avec Approbation & Permission.

SUITE DU MAGASIN DES ADOLESCENTES.

NEUVIÉME JOURNÉE.

Madem. BONNE.

VOus me voyés bien triste, Mesdames ; je viens d'apprendre que notre pauvre Lady *Tempête* est morte. La foi m'engage à me réjouïr de la voir soustraite aux dangers du monde, au moment où elle alloit y entrer ; mais la nature a ses droits : mes larmes coulent malgré moi, & mon cœur est déchiré.

Lady CHARLOTTE.

Je favois bien qu'elle étoit dans un état de langueur depuis qu'elle étoit en Ecoffe ; mais je n'avois point entendu dire que fa maladie fût dangéreufe.

Madem. BONNE.

On l'a toûjours traitée de bagatelle ; heureufement, elle feule n'y a point été trompée. Dès le commencement de fon mal, elle s'eft crû frappée à mort. Cette chère enfant me l'écrivit, & me pria de lui préfcrire ce qu'elle devoit faire pour s'y préparer. Je n'eus pas la cruauté de la raffûrer ; mais j'eus foin de lui repréfenter tout ce qui pouvoit lui faire régarder fa fituation avec les yeux de la foi. Elle a été fidéle à prendre une heure le matin & le foir pour méditer fur l'éternité dont elle approchoit, & le fruit de fa méditation a été une paix fi douce, un fi grand défir de voir fon Dieu, une fi grande confiance en fa miféricorde qu'elle n'a éprouvé aucune des horreurs de la mort. Je veux pour nous confoler, vous lire quelques-unes de fes lettres, & je finirai par celle que My-lady

lady m'a fait l'honneur de m'écrire ce matin.

Premiére Lettre de Lady TEMPETE.

« Nous sommes de rétour à Edim-
« bourg, ma chère Bonne, & c'est une
« legére indisposition à ce que l'on dit qui
« me fait revenir en ville. J'ai été prise
« il y a quelques jours, d'un battement
« de cœur si extraordinaire que je n'ai
« pas de mots qui puissent vous exprimer
« ce que je sens. Cela me tourmente
« périodiquement plusieurs fois par jour
« & toutes les nuits: les médecins disent
« que ce sont des vapeurs, qu'il n'y a
« point de danger ; mais j'ai un fort pres-
« sentiment que cet état me conduira à
« la mort. Je ne le dis à personne qu'à
« vous, ma Bonne ; on me trouveroit ri-
« dicule, & cela affligeroit Mylord & My-
« lady. Il faut l'avouer, ma Bonne,
« l'idée d'une mort prochaine me saisit
« d'horreur. Je suis jeune & riche ; on
« me flatte de quelques agrémens : j'en-
« visageois une longue vie dans laquelle
« je pourrois joüir innocemment de tous
« les avantages que Dieu m'avoit don-
« né ; tout cela s'anéantit : un tom-
« beau,

« beau, voilà tout ce qui s'offre à mes
« yeux ; voilà la fin de mes espérances
« trompeuses. A cette peine, il s'en
« joint une autre beaucoup plus raisonna-
« ble. Je me sens les mains vuides de
« bonnes œuvres ; je n'ai rien fait pour
« mon Dieu : comment paroîtrai-je de-
« vant ses yeux si purs & si saints ? C'est
« maintenant, ma Bonne, que vous me
« devés des marques de votre solide ami-
« tié ; gardés-moi le secret sur mon pres-
« sentiment, surtout à l'égard de ma cou-
« sine : je connois son cœur ; il seroit dé-
« chiré. Hélas ! elle est un des biens
« que je régretterai le plus en perdant
« la vie. "

Lady SENSE'E *en pleurant.*

Ma Bonne, je sais que ma tante vous a renvoyé toutes les lettres que vous avés écrit à ma cousine, comme cette pauvre enfant l'en a priée en mourant. Faites-nous la grace de nous en lire quelques-unes ; j'ai apporté la petite cassette que vous avés reçûe, la voici.

Madem.

Madem. BONNE.

J'y confens de bon cœur fi vous croyés que cela puiffe vous être utile.

Lettre de Madem. BONNE *à
Lady* TEMPETE.

" Je fuis bien affligée, ma chère
" amie, de la fituation dans laquelle
" vous vous trouvés ; mais j'ai peine à
" croire qu'elle foit auffi fâcheufe que
" vous vous le perfuadés. Je ne fuis
" pourtant pas d'avis que vous regardiés
" votre preffentiment comme l'effet
" d'une imagination bleffée. C'eft cer-
" tainement une très-grande grace de
" Dieu dont vous devés profiter : ce n'eft
" point que je craigne pour vous une
" mort fi prochaine ; je fuis bien éloignée
" de vous croire en danger. Cependant,
" pour un chrêtien, la mort eft toûjours
" prochaine : mourés à feize ans ou à
" cent ans, vous n'aurés vécû qu'un jour
" fi vous comparés ce petit nombre d'an-
" nées à l'éternité. Un Roi d'Angle-
" terre, je ne fais fi c'eft *Cannu* or
" *Edouard*, crût entendre une voix qui lui
" difoit qu'il mouroit dans fept.... &
" la voix n'acheva pas. Il penfa d'abord
" qu'il devoit mourir dans fept jours, &
" fe

" se prépara avec soin à ce grand passage.
" Il crût ensuite que c'étoit en sept mois,
" puis en sept années. Cette pensée
" d'une mort prochaine en fit un si bon
" chrétien qu'il est regardé comme un
" Saint. Suivés son exemple, ma chère
" Lady. Commencés par regarder de
" l'œil de la foi ce que c'est que votre
" jeunesse, vos richesses & votre rang.
" Que vous trouverés tous ces avantages
" vains & frivoles ! que, dis-je, vous les
" regarderés comme des dangers pour le
" salut, & vous comprendrés combien
" sont heureux ceux que Dieu enléve dans
" un âge où ils n'ont point encore parti-
" cipé aux souillures du monde! Quant
" aux amusemens innocens que vous ré-
" grettés, vous ne les verrés que comme
" des amertumes si vous les comparés
" aux biens sans nombre qui vous atten-
" dent dans le ciel. Aimer sans bornes
" un Etre infiniment aimable sans crain-
" dre de pouvoir jamais être séparée
" de lui; ne craindre de sa part
" ni changement ni refroidissement;
" être réuni à tous les anges & dans
" la compagnie de tout ce qu'il y
" a eu d'estimable sur la terre, dans une
" société d'où toutes les passions déréglées
" seront

« feront bannies, où la jalousie, les que-
« relles, le dégoût ne pourront pénétrer ;
« vivre dans un lieu inaccessible à tout
« ce qui s'appelle douleur, dans lequel
« feront rassemblés de tels délices, que
« l'apôtre nous assûre que l'œil n'a point
« vû, l'oreille n'a point entendu, & que le
« cœur ne peut comprendre la moindre
« partie de ces délices : voilà, ma chère,
« ce que nous craignons lorsque nous ap-
« prehendons la mort. Mais vous n'avés
« rien fait pour le ciel, dites-vous ; com-
« mencés dès aujourd'hui à travailler pour
« cette récompense immense. Dieu vous
« donne la monnoye dont vous devés l'a-
« cheter, le sang & les mérites de Jésus-
« Christ, la soûmission à ses ordres dans
« vos souffrances, le renoncement vo-
« lontaire à ces faux biens qui se préfen-
« tent à vous sous une apparence brillante.
« Voilà, ma chère, les moyens qui vous
« restent pour réparer le tems perdu.

« J'espére que ma lettre vous trou-
« vera guérie ; mais tâchés de conserver
« cette idée d'une mort prochaine : c'est
« le préservatif le plus sûr contre les dan-
« gers du monde. Si votre état vous le
« permet, prenés le matin & le soir une
« démie-heure pour méditer tranquille-

A 4 « ment

« ment & sans effort sur ce que je vous
« mande ; & pour supléer aux priéres que
« vous ne serés pas en état de faire, élévés
« votre cœur à Dieu au moins tous les
« quarts d'heures. Adieu, ma chère !
« au moins point de tristesse & d'abate-
« ment : ce seroit le moyen d'achever de
« ruiner votre santé, & de nuire à votre
« âme ; l'Esprit de Dieu est paix & dou-
« ceur. "

Lady LOUISE.

Vous nous promîtes l'année passée une méthode pour nous préparer à la mort ; je suis sûre que nous l'allons trouver dans vos lettres à notre chère amie & dans son exemple.

Miss SOPHIE.

Mon Dieu ! ma Bonne, que cette leçon va être sérieuse ! J'ai presque envie de me sauver ; & si je reste, je suis sûre d'être mélancolique pendant un mois.

Madem. BONNE.

Ecoutés, ma chère : vous avés de l'esprit ;

l'esprit ; servés-vous en une bonne foi.
Vous trouvés la mort terrible : vous évi-
tés d'y penser ; mais n'est-il pas sûr

1) que vous mourés,
2) que vous ne mourés qu'une fois,
3) que l'éternité bienheureuse ou malheureuse dépend de la maniére dont vous
mourés ? Si on éloignoit la mort en n'y
pensant jamais, vous auriés une sorte d'excuse ; mais rien n'en peut retarder le moment : c'est la seule chose dont nous
soyons sûres. Si on mouroit deux fois, on
pourroit réparer une mauvaise mort par
une bonne ; mais il est arrêté que nous ne
mourons qu'une, & que de cette mort
unique dépend notre sort éternel. Cette
mort si sûre, le moment en est incertain ;
nous pouvons mourir à tous les instans :
n'est-ce pas une vraye folie de ne pas faire
souvent une préparation que nous n'aurons
peut-être pas le tems de faire ? Allons,
ma chère ! faites-vous violence : demandés tous les jours à Dieu le détachement
d'une vie qu'il vous faut sûrement quitter ;
demandés-lui le goût des choses du ciel
pour vous détacher des choses de la terre.
Ecoutés, combien il a fait de graces à ce
sujet, à notre amie ; voici la lettre qu'elle
m'écrivit il y a cinq semaines.

Autre Lettre de Lady TEMPETE.

" On commence à ne me plus traiter
" en malade imaginaire ; je dépéris à vûë
" d'œil : j'ai abſolument perdu le ſom-
" meil & l'appétit ; cependant, je n'ai
" pas de vives douleurs. Remerciés bien
" le bon Dieu, ma Bonne, des graces
" qu'il me fait ; toutes mes craintes ont
" diſparu : je n'en ſens pas moins mon
" indignité ; mais elle s'abſorbe & ſe perd
" dans l'océan immenſe de la miſéricorde
" divine. L'habitude de penſer à Dieu,
" s'eſt tellement fortifiée dans mon âme,
" que je le vois toûjours préſent. Je ſens
" qu'il me ſoûtient, qu'il me conſole,
" qu'il me fortifie, qu'il me réjouït ; je
" ſuis dans une paix, dans une tranquil-
" lité qui eſt un avant-goût de celle du
" ciel. Croiriés-vous bien, ma Bonne,
" qu'une pauvre miſérable telle que je
" ſuis aux yeux du Seigneur, ſouhaite a-
" vec paſſion le moment de ſe réunir à lui ?
" Je ſens que je l'aime plus que toutes
" choſes ; il ſera mon Dieu, mon père
" pendant toute l'éternité. Des larmes
" de joye coulent de mes yeux en pronon-
" çant ce mot qui me paroiſſoit ſi terrible.
" Que ferai-je, mon Dieu, pour vous
" mar-

« marquer ma reconnoissance ? Ah ! re-
« cevés les actions de grace de mon Sau-
« veur ; j'y joins mes foibles sentimens.
« Recevés les actes de patience, de réfi-
« gnation que vous me donnerés la force
« de pratiquer : recevés le sacrifice de ma
« vie, l'anéantissement de ce corps de pé-
« ché. Je consens à sa destruction, qu'il
« soit mangé des vers, que la poussiére
« retourne à la poussiére, & vous, mon
« Dieu, recevés mon âme.

« On commence à m'assujettir à un
« grand nombre de remédes. Je sens
« bien qu'ils seront inutiles ; mais la jus-
« tice miséricordieuse de mon Dieu m'or-
« donne d'abandonner mon corps aux
« médecins : je lui obéïs de bon cœur."

Lady LUCIE.

Ah, mon Dieu ! ma Bonne, voilà les sentimens d'une Sainte. Il me semble que j'en acheterois de pareils aux dépens de tout mon sang. Je vous demande comme la plus grande grace de me permettre de copier cette lettre ; ce sera, je pense, une bonne préparation à la mort de la relire tous les jours.

Miss SOPHIE.

Vous m'accorderés la même grace, ma Bonne : je suis vraiement touchée ; mais pourtant tout ceci me paroit un songe. Est-il possible qu'on voye approcher la mort avec joye ? Comment mon amie, a-t-elle pû arriver à des sentimens si peu naturels ?

Madem. BONNE.

Ne soyés point surprise des graces que Dieu a faites à Lady *Tempête*. Dieu seul sait les violences qu'elle a faites à son caractère. Elle n'étoit pas bonne naturellement, vous le savés : elle a fait profiter le talent que Dieu lui a donné ; elle en a reçû pour récompense le centuple en cette vie, & la gloire éternelle en l'autre. Ecoutés ce que Mylady m'a écrit.

Lettre de Mylady ***.

" Je ne puis trouver aucun soulagement
" à ma perte qu'en conservant précieuse-
" ment toute la douleur qu'elle me cause,
" & en l'augmentant s'il est possible, en
" m'en retraçant toutes les circonstances.
" Ecou-

« Ecoutés, ma chère Mademoiselle *Bon-*
« *ne*, le récit de la mort de notre chère
« enfant, d'une Sainte, d'une prédeſtinée.
« On croit qu'elle eſt morte d'un abcès
« qui s'eſt formé lentement dans ſon
« corps ; elle n'a eu de fiévre que les
« trois derniers jours de ſa vie, du moins
« de fiévre violente, car je ſuis perſuadée
« qu'elle en a eue une interne depuis plu-
« ſieurs mois. Auſſi-tôt qu'elle ſe ſen-
« tit plus mal, elle vous écrivit une lettre
« que je vous envoye : elle défendit à ſa
« femme de chambre de m'éveiller ; mais
« celle-ci la voyant brûlante, me fit ap-
« peller à cinq heures du matin. Je trou-
« vai mon pauvre enfant aſſiſe ſur ſon lit ;
« elle étouffoit dans toute autre ſituation.
« Son air étoit doux, tranquille ; elle me
« tendit la main, & me dit avec un ſoû-
« rire : ſi ma chère mère m'aime, elle
« ne rendra pas mes derniers momens pé-
« nibles en s'affligeant avec excès. Je
« vais vous quitter ; mais c'eſt pour aller
« à mon Dieu. Elle fixa quelques mo-
« mens ſes yeux au ciel, puis baiſant ma
« main, elle me dit : nous nous rever-
« rons bientôt. J'avois fait appeller les
« médecins ; ils dirent à Mylord qu'il
« n'y avoit point de reméde, que l'abcès
« l'é-

« l'étoufferoit en peu de tems. Il s'ef-
« força de prendre un air tranquille en se
« rapprochant du lit : son courage ne pût
« se soûtenir ; il éclata aussi bien que moi
« en pleurs & en sanglots. Grand Dieu !
« s'écria notre sainte enfant, soyés leur
« force & leur consolation. Soûtenés-
« moi vous-même dans cette peine plus
« terrible que la mort. Oh ! mon chèr
« père & ma chère mère, ayés pitié de
« votre enfant ! Ne déchirés pas mon
« cœur en me montrant toute la sensibi-
« lité du vôtre. Laissés-moi la liberté de
« donner mes derniers momens au Sei-
« gneur, & n'empoisonnés point la joye
« dont il me comble. Elle me pria en-
« suite de faire appeller notre pasteur, &
« il sortit d'auprès d'elle si édifié qu'il ne
« l'appelloit que l'ange. Elle me deman-
« da de faire appeller tous les domesti-
« ques de la maison ; je lui obéïs avec un
« respect qui ne me laissoit pas même la
« liberté de lui demander ses motifs.
« Ils entrèrent en pleurant & en sanglot-
« tant, car notre pauvre enfant depuis
« quelques années se faisoit adorer par sa
« douceur. Elle les remercia de la bonté
« de leur cœur ; leur demanda pardon des
« fautes qu'elle avoit commises à leur
                              « égard,

« égard, leur fit une exhortation sur la
« brieveté de la vie & la nécessité de bien
« vivre, leur demanda leurs priéres pour
« ses derniers momens, & me pria de leur
« distribuer quelque argent qu'elle avoit
« en réserve. Quel spectacle, ma chère
« Demoiselle ! Tous ces pauvres gens
« fondoient en larmes ; leurs cris au-
« roient attendri le marbre : notre enfant
« leur fit signe de la main, leur parla du
« bonheur du ciel avec tant de force &
« d'onction qu'ils n'osoient pas même
« respirer crainte de perdre une de ses
« syllabes. Elle reçût ensuite le Sacre-
« ment avec un respect propre à en inspi-
« rer aux plus libertins, après quoi re-
« gardant le ciel, elle dit : vous permet-
« trés, Seigneur, à votre servante de mou-
« rir en paix. Elle passa quelques heures
« dans le silence, après quoi elle s'endor-
« mit ; mais elle eût pû dire comme l'é-
« pouse des cantiques : je dors & mon
« cœur veille. Oui, Mademoiselle, nous
« la vîmes plusieurs fois pendant son som-
« meil élever ses mains jointes vers le ciel;
« ses lévres prononçoient des actes de foi,
« d'espérance, d'amour. Sa femme de
« chambre m'apprit alors que depuis six
« semaines, elle prioit perpétuellement;

« lui

" lui parloit de sa mort avec certitude, &
" du désir de voir son Dieu, avec trans-
" port. A son réveil, elle me dit : je souf-
" fre beaucoup ; mais mon Sauveur a
" bien plus souffert sur la croix. Il étoit
" suspendu sur des playes, & je suis cou-
" chée bien mollement sur un bon lit.
" On l'injurioit, & tout le monde me
" plaint ; on lui donna du fiel & du vin-
" aigre, & on me fait grace des remédes
" pour ne me donner que des choses agré-
" ables. J'ai pourtant une conformité
" avec mon Sauveur : je vois comme lui
" ma tendre mère auprès de ma croix.
" Ah, Mylady ! suivés l'exemple de
" *Marie :* donnés votre fille au Seigneur
" avec une volonté ferme & courageuse.
" Elle se tût encore quelque tems ; puis
" elle me pria de lui accorder quatre gra-
" ces : de nous retirer, son père & moi,
" après lui avoir donné notre bénédiction;
" de faire prier auprès d'elle jusqu'à ce
" qu'elle fût expirée, & qu'on lui parla
" de Dieu bien haut, quand même elle
" paroîtroit ne plus entendre ; de ne point
" permettre que son corps fût touché après
" sa mort, mais de la faire enterrer com-
" me elle étoit alors ; la quatriéme, de ne
" dépenser que quatre piéces pour son en-
" ter-

« terrement, & donner aux pauvres la
« somme que j'aurois voulu employer en
« funérailles. Je lui promis tout excepté
« de la quitter ; je me fis faire un lit à
« côté du sien où je me couchai pour la
« satisfaire. Elle passa la nuit & le jour
« suivant dans de grandes souffrances ; le
« soir du second jour elle perdit l'usage de
« la parole, qu'elle recouvra quelques
« heures après. Je ne vois plus, me dit-
« elle ; l'éternité s'approche : ah ! que je
« sens d'impatience d'aller à mon Dieu !
« Voilà les dernières paroles qu'elle a pro-
« noncées ; mais elle a toûjours conser-
« vé la connoissance, & nous serroit la
« main pour prouver qu'elle entendoit ce
« que nous disions. Insensiblement sa
« respiration s'est affoiblie ; mais une mi-
« nute avant de rendre le dernier soupir,
« son visage s'est ranimé : elle a tendu les
« bras avec effort, & est expirée en les
« posant joints sur son lit. Mon premier
« mouvement, le croiriés-vous ? n'a point
« été de douleur, mais de respect, d'ad-
« miration. Je me suis jettée à genoux,
« les bras élevés comme pour suivre mon
« enfant. Mes yeux étoient secs, mon
« âme tranquille. Je la voyois, ce me
« semble, entrer dans le ciel, voler dans
« le

" le sein de son Dieu, lui demander ma
" consolation. Heureux moment, que
" n'avés-vous toûjours duré ! Revenue
" de cette espéce d'yvresse, je jette de
" grands cris ; j'appelle ma fille : elle est
" déjà froide ; mais les horreurs de la
" mort respectent ses traits : son visage
" me parût éblouissant. Je n'ose prendre
" la liberté de la baiser ; j'arrose sa main
" de mes larmes. Enfin, on m'arracha
" d'auprès de son lit où je crûs de laisser
" mon âme. On ne m'a pas permis de
" la revoir : depuis je posséde encore les
" précieux restes de ma chère fille, j'es-
" père qu'il me sera permis de lui donner
" un dernier baiser avant qu'on me la
" cache pour jamais. Pleurés sur moi,
" Mademoiselle *Bonne* ; ma perte est irré-
" parable."

Miss CHAMPETRE.

Ah, ma Bonne ! voilà une mort qui dégoûte de la vie ; mais pour mourir comme Lady *Tempête*, il faut avoir vécu comme elle.

Madem. BONNE.

Il me reste à vous lire les derniéres lignes de cette chère enfant.

" Quand

" Quand vous recevrés ces lignes, ma
" chère amie, je n'exifterai plus que dans
" le cœur de ceux qui m'auront aimé.
" Je meurs pleine de confiance en la mi-
" féricorde de Dieu & au mérite du Sau-
" veur. Je vous remercie, amie fincére,
" de m'avoir appris à le connoître & à
" l'aimer ; c'eft à la bonne éducation que
" vous m'avés donnée que je crois devoir
" mon falut après Dieu. Dites à ma
" chère coufine, que le monde me paroit
" une ordure, & qu'on n'a de joye au
" moment où je me trouve que de ce
" qu'on a fait pour fon créateur. Adieu,
" adieu pour cette vie ! Nous nous re-
" joindrons dans le ciel. "

Lady LOUISE.

Que le ftile de ce billet eft fec pour Lady *Senfée*, pas un régret de la quitter ! Pas
un mot de confolation, de tendreffe !

Madem. BONNE.

Au moment où Lady *Tempéte* la écrit,
Madame, les liens de la chair & du fang
étoient comme brifés ; il ne reftoit plus que
ceux de la charité qui, je penfe, fubfifte-
ront même dans le ciel. Or la charité cherche

che moins à attendrir qu'à être utile. Ses sentimens pour Lady *Sensée* se manifestent par l'utile leçon qu'elle lui donne : voilà la plus précieuse marque qu'elle pût lui donner de son affection ; l'héritage le plus avantageux qu'elle pût lui laisser.

Lady SENSÉE.

Je le regarde comme tel, ma Bonne. Je connois que ma cousine m'aimoit véritablement, non pas mon habit, mon écorce, mais mon âme. Avec votre permission, j'écrirai ces mots en gros caractères au chévet de mon lit : *A la mort le monde paroit une ordure. On n'a de joye à ce moment que des choses qu'on a faites pour Dieu.*

Miss BELOTTE.

Ma Bonne, qu'est-ce que veut dire Lady *Sensée*, que sa cousine n'aimoit pas son écorce ?

Madem. BONNE.

Notre écorce, ma chère, les habits de nos âmes, sont nos corps. Actuellement, Lady *Tempéte* s'est déshabillée de son corps mortel, jusqu'à ce qu'elle le reprenne au jour

jour de la résurrection ; nous ferons toutes la même chose dans quelques jours, quelques mois, ou tout au plus quelques années. Préparons-nous donc soigneusement à ce passage : si nous ne prenons pas une demie heure par jour pour nous occuper de l'éternité, prenons en au moins une châque semaine. Au reste, Mesdames, cette pratique que je vous propose, n'est pas de moi. Lady *Spirituelle*, répétés à ces Dames la parabole des vierges sages & des folles.

Lady SPIRITUELLE.

Le royaume des cieux sera semblable à dix vierges qui ayant pris leurs lampes, s'en allèrent au devant de l'époux & de l'épouse. Cinq d'entre elles étoient folles & cinq sages. Les cinq folles ayant pris leurs lampes, ne prirent point d'huile ; mais les sages en firent provision. L'époux tardant à venir, elles s'endormirent toutes. Sur le minuit, on entendit crier : voici l'époux qui vient, allés au devant de lui ! Aussi-tôt ces vierges préparèrent leurs lampes. Les folles dirent aux sages : donnés-nous de votre huile, car nos lampes vont s'éteindre. Les sages leur répondirent :

rent : de peur que nous n'en ayons pas aſſés pour nous & pour vous, allés en acheter chés ceux qui en vendent. Mais pendant qu'elles étoient allées en acheter, l'époux vint ; celles qui étoient prêtes, entrèrent avec lui aux noces, & la porte fût fermée. Enfin, les autres vierges vinrent auſſi & lui dirent : Seigneur, Seigneur, ouvres-nous ; mais il leur répondit : je vous dis en vérité que je ne vous connois pas. Veillés donc, parceque vous ne ſavés ni le jour ni l'heure.

Madem. BONNE.

Je ne fais donc que vous répéter les paroles de Jéſus-Chriſt, lorſque je vous dis de vous préparer à la mort, d'y penſer ſouvent, de faire pendant votre vie ce que vous n'aurés peut-être pas le tems de faire à la mort. Ce n'eſt pas ſeulement dans cette parabole que Jéſus nous annonce cette importante vérité : il dit qu'il viendra comme un larron à l'heure où on l'attendra le moins ; faiſons donc nos efforts pour l'attendre & être prêtes à le recevoir dans tous les momens de notre vie.

J'ai fort envie, Meſdames, de paſſer tout de ſuite à l'hiſtoire Romaine, & de ne ne rien dire aujourd'hui de Madame *du Pleſſis*, ſans quoi on me reprocheroit à juſte tître de ne vous parler que de dévotion.

Lady LOUISE.

Eh ! que nous importe ce qu'on dira, ma Bonne ? Il eſt bel & bon de ſavoir raiſonner ſur l'hiſtoire Romaine ; mais il eſt encore meilleur d'apprendre par l'exemple des bonnes âmes le chemin du ciel. Commencés donc, s'il vous plaît, par nous édifier ; vous nous amuſerés enſuite. Voyés-vous, ma Bonne, me voici ſur le champ de bataille, c'eſt-à-dire, dans le grand monde, chargée du ſoin de plaire à mon époux, de régler ma famille, & de me conduire irréprochablement devant Dieu & devant les hommes ; j'ai grand beſoin d'inſtruction ſur des objets ſi importans.

Madem. BONNE.

Eh bien ! Madame, je m'expoſe de bon cœur à la critique des mondains & des beaux eſprits pour vous ſatisfaire.

Nous avons laiſſé Madame *du Pleſſis* dans la première année de ſon mariage,
tâchant

tâchant d'accommoder ce qu'elle devoit à Dieu, avec ce que lui offroit le monde, avec les plaisirs, fuyant le mal à la vérité, mais ne faisant pas beaucoup de bien. Insensiblement, le goût du bien qu'elle négligeoit, diminuoit en elle ; elle touchoit au moment de la tiédeur : une grossesse la rappella à Dieu, du moins tout le tems qu'elle dura. Au moment qu'elle fût fûre de fon état, elle fe crût obligée à redoubler fes exercices de piété pour elle & pour fon enfant. Elle ne paffa plus aucun jour fans demander à Dieu le bâtême pour celui qui alloit la rendre mère, fans le lui confacrer. Sa groffeffe fût pénible ; châque douleur étoit un réveil qui l'avertiffoit de tourner fon cœur à Dieu pour lui offrir fes peines. A méfure qu'elle étoit obligée de fe fouftraire aux plaifirs qui auroient pû déranger fa fanté, elle retrouvoit dans la retraite le goût de Dieu. Lorfqu'elle fentit les premiéres douleurs de l'enfantement, elle adora la juftice de Dieu prononçant à *Eve* la fentence terrible : tu enfanteras avec douleur. Elle lût avec attention la paffion du Sauveur, & l'idée de ce qu'il avoit fouffert pour elle, lui aida à fupporter fes peines avec patience.

tience. Lorsqu'on lui présenta le fils dont elle accoucha, elle renouvella l'offrande qu'elle en avoit déjà faite à Dieu, le remercia de son heureuse naissance, adora, aima en son nom son créateur. Elle n'a jamais manqué le reste de sa vie à renouveller cette offrande matin & soir. Le Seigneur lui accorda encore un fils & trois filles, & elle regarda l'éducation de cette famille comme le plus sacré de tous ses devoirs.

Cependant, le tems des vertus héroïques approchoit ; sa fidélité à remplir les devoirs de son état, lui attiroit de plus grandes graces. Elle plaisoit toûjours également au monde ; mais le monde ne lui plaisoit plus tant. Il lui en avoit d'abord coûté de retrancher un grand nombre de visites pour se renfermer avec ses enfans : elle prit tant de goût à les instruire, qu'elle avoit peine à se séparer d'eux, & souhaitoit passionnement de vivre à la campagne pour s'en occuper uniquement.* La providence lui en fournit le moyen, & en même tems celui de se faire les plus grandes violences.

* En France on passe dix mois à la ville, & on ne la quitte qu'en Août.

Mr. *du Plessis* avoit un frère extrêmement riche ; une passion honteuse l'avoit empêché de se marier, & son bien devoit retourner aux enfans de Madame *du Plessis*. Ce frère étoit amoureux depuis quinze ans d'une personne qui sembloit l'avoir ensorcelé. Elle n'avoit ni esprit, ni beauté, ni éducation, ni naissance ; le monde auroit traité cet attachement de fragilité pardonnable si l'objet en eût valû la peine, & ne condamnoit que la bassesse de son choix. Madame *du Plessis* ne faisoit attention qu'à l'offense de Dieu & au danger de la damnation pour son beau-frère : elle ne perdoit aucune occasion de lui faire sentir l'horreur de son état ; il lui promettoit d'en sortir, & n'avoit pas la force d'exécuter sa promesse. Madame *du Plessis* eût le courage de le solliciter de se marier, sans avoir égard à l'intérêt temporel de ses enfans : il lui avoua en rougissant, que toutes les femmes lui sembloient odieuses, & qu'il n'avoit d'autre moyen de faire son salut que celui d'épouser sa maîtresse. Tout frémit en Madame *du Plessis* à une telle proposition. Quelle honte pour sa famille qu'un tel mariage ! L'infamie en retomberoit sur son mari, sur elle & sur ses enfans. Voilà ce que lui disoit l'orgueil,

gueil, voilà ce que lui dit la foi. Un tel mariage fera une folie; mais il ne fera pas un crime. Le monde en fera blessé; Dieu n'en fera point offensé. Mon frère s'attirera le mépris des hommes; il rentrera dans la grace de Dieu en rendant l'honneur à une femme qu'il a déshonorée. Toutes ces réflexions se firent en un instant: la foi triompha, & elle dit à son frère qu'elle aimoit mieux le voir le mari de cette femme que son amant. Mr. *du Plessis* transporté de joye, l'embrasse, fait appeller sa maîtresse, lui annonce qu'il est résolû de l'épouser, & que c'est sa belle-sœur qui l'y a déterminé. Combien la vertueuse Madame *du Plessis* souffrit-elle à la vûë de cette femme! Naturellement chaste, elle avoit une véritable horreur des femmes déréglées, horreur qui alloit jusqu'à se trouver mal. L'ardeur de sa charité lui fit surmonter sa répugnance; le moment étoit favorable pour tout obtenir: elle dit avec fermeté à ces deux pécheurs tout ce que son zéle contre le crime pût lui inspirer de plus fort, & eût la consolation de voir couler leurs larmes. Ils se remirent absolument entre ses mains, & promirent d'exécuter tout ce qu'elle leur prescriroit. La premiére chose qu'elle en exigea, fût une séparation absoluë jusqu'au tems du mariage: le tems de cette séparation fût employé à une retraite pour obtenir du Seigneur la grace de réparer par une vie toute chrêtienne, le scandale de la vie passée Tout fût exécuté comme elle l'avoit réglé, & elle employa cet intervalle à faire concevoir à son époux qu'il n'y avoit que le crime qui fût vraiement déshonorant; que la démarche que son frère alloit faire étant nécessaire à son salut, il falloit tout sacrifier pour lui aider à le faire ; que c'étoit dans de telles occasions qu'il falloit apprendre à ne point rougir d'une action qui n'avoit rien de contraire à la loi de Dieu, & qu'elle étoit déterminée à s'attirer l'indignation de toute la famille, plûtôt que d'abandonner son frère après son mariage.

A peine, le monde eût il conçû quelque soupçon de la démarche que Mr. *du Plessis* l'ainé étoit sur le point de faire, que tous ses parens révoltés courûrent l'accabler de réproches. Il s'étoit retiré chés son frère pour s'appuyer de l'autorité de sa belle-sœur. Comme on savoit qu'il la respectoit beaucoup, ce fût à elle qu'on s'adressa pour exagérer la honte d'une
telle

telle alliance. On ne se récrioit point sur la vie scandaleuse de cette femme, ce n'étoit qu'une bagatelle ; mais sa naissance étoit basse. Quel scandale ! un homme de qualité épouser la veuve d'un homme qui faisoit des gaines pour les couteaux ? Madame *du Plessis* répondit froidement, qu'à la vérité ce mariage étoit choquant, surtout parcequ'il avoit été précédé du crime : qu'elle avoit exhorté son beau-frère à se détacher de cette femme en lui faisant tout le bien qu'il pourroit ; mais qu'il lui avoit déclaré formellement qu'il ne pouvoit vivre sans elle : qu'à soixante ans, il lui falloit quelqu'un auquel il fût accoûtumé, qui connût ses goûts, qui sût se plier à son humeur; qu'en un mot, il falloit qu'elle fût sa maîtresse ou qu'elle devînt sa femme. Et qui trouvoit à redire qu'elle fût sa maîtresse ? dit un homme que son caractère de Magistrat auroit dû rendre plus circonspect. Dieu ! lui répondit avec fermeté Madame *du Plessis*, & je crois que comme il n'y a personne ici qui ne soit chrêtien, il n'y a non plus personne qui osâ lui conseiller de préférer le sentiment du monde à celui de sa conscience & à l'observation des commandemens de son créateur. On n'osa rien répliquer ; mais elle demeura chargée de l'indignation des parens de son mari qui ne rougissoient pas de dire que c'étoient les scrupules qu'elle avoit jettés dans l'esprit de son beau-frère qui avoient occasionné ce mariage déshonorant.

Lady Lucie.

S'il étoit absolument impossible à cet homme de vivre sans sa maîtresse, ou si pour parler plus juste, il avoit déterminé de ne la point quitter, il fit très bien, assûrement ! de l'épouser ; mais je pense que Madame *du Plessis* auroit tout aussi bien fait de ne se pas donner en spectacle au Public en y applaudissant, & même à la rigueur : je crois qu'elle n'étoit pas dans l'obligation d'encourager son frère à le conclûre.

Madem. Bonne.

Expliquons nettement ce que vous ne dites qu'à demi. Que lui importoit-il que son frère fût damné, que Dieu fût offensé ou non ? Dequoi s'avisoit-elle de
faire

faire connoître en bonne compagnie qu'elle trouvoit plus de honte à commettre le crime qu'à en fortir par un mariage qui prouvoit qu'il n'avoit pas les fentimens fort nobles ? N'est-ce pas là ce que vous avés voulû nous dire, ma chère Lady ?

Lady LOUISE.

Je vous demande pardon, ma Bonne ! Je vous jure que toute ma peine ne tomboit pas fur la baffeffe de cette femme, mais fur fes mauvaifes mœurs ; je crois qu'il eft très-honteux d'époufer une malhonnête perfonne.

Madem. BONNE.

Et vous croyés jufte, ma chère : c'eft le comble de l'infamie ; mais quelque grande qu'elle foit, elle n'égale pas l'horrible malheur de vivre dans le crime : ce mal l'emporte fur tous les autres ; d'ailleurs, la charité nous fuggére encore une réflexion. *Madelaine* ceffa d'être méchante, & le Sauveur ne dédaigna pas de lui laiffer baifer fes pieds. Madame *du Pleffis* eût donné la moitié de fon bien pour voir cette femme dans un convent de femmes pénitentes ; mais cela n'étoit pas à son choix. Entre deux maux, elle choisit celui qui n'offensoit pas Dieu, & sacrifia l'honneur du monde au salut de son frère qui depuis ce tems vécût avec son épouse d'une maniére très-chrêtienne. Ce fût encore pour elle l'occasion d'un sacrifice héroïque : ces deux personnes qu'elle avoit arraché au péché, avoient besoin d'être encouragés à réparer le passé par une sincére pénitence ; elle consentit à être leur guide, & se confina pendant six mois à leur maison de campagne. Dieu seul sait ce qu'elle eût à souffrir avec une femme dont la grossiéreté étoit choquante pour tout le monde ; qui n'avoit pas la plus legére idée de ce qu'on appelle politesse, égard ; nul agrément dans la conversation, nulle culture dans l'esprit, nulle douceur dans les maniéres. Ce fut une épreuve dans laquelle la patience de Madame *du Plessis* se fortifia extrêmement, & elle se crût payée de tous ses soins par les progrès que ces ennuyeuses personnes firent dans le bien.

Lady LOUISE.

Votre Madame *du Plessis* étoit une Sainte ; je la canonise sur ce seul trait : je
croi-

croirois mériter de l'être ſi j'en avois autant fait, car je regarde comme le chef-d'œuvre de la charité de ſupporter les ſots, les ſtupides, & ſurtout les perſonnes groſſiéres.

Madem. Bonne *regardant Miſs* Champetre *ſans affectation.*

Vous avés raiſon, Madame ; il y a pourtant un dégré d'héroïſme au deſſus de celui-là, c'eſt de ſupporter les perſonnes déréglées, impertinentes, les demi-ſavans, les gens à préjugé, & mille autres de cette eſpéce. Quand la providence nous lie avec de telles gens, on peut avec quelque ſujet ſe réjouïr en ſe regardant comme appellé à une vertu extraordinaire : celles qui dans ce cas ſe livrent courageuſement à la pratique de la patience & de la charité, font des pas de géant dans la carriére de la vertu.

Vous avés vû Madame *du Pleſſis* expoſée à l'indignation de tout ce qu'on appelle gens du bel air, par l'acquieſcement qu'elle avoit donné au mariage de ſon beau-frère : le voyage ou plûtôt la retraite qu'elle fit avec lui pendant ſix mois, la reconcilia avec le Public. Un avare accoûtumé à juger du cœur des autres par le sien, fit remarquer à quelques personnes, que Madame *du Plessis* ne méritoit pas d'être blâmée pour avoir sacrifié une fumée à un avantage solide, car enfin, ajoûta cet homme, une mésalliance n'est qu'un mal de préjugé, & la pauvreté est un mal réel. Le vieillard amoureux pouvoit fort bien priver ses neveux de la meilleure partie de sa succession ; il pouvoit en quittant sa vieille maîtresse, épouser une jeune femme qui lui auroit donné des enfans. Madame *du Plessis* pour enrichir les siens, a sacrifié le faux point d'honneur : peut-on lui faire un crime d'une action qui a un motif aussi louable ? O corruption du cœur humain ! Aussi-tôt qu'on crût que cette vertueuse femme avoit agi par intérêt, & que Dieu n'avoit aucune part à sa conduite, on la lui pardonna, & lorsqu'elle revint de la campagne, elle retrouva le grand monde dans les dispositions favorables où il avoit toûjours été à son égard ; mais s'il n'avoit point changé pour elle, elle n'etoit plus la même pour lui, comme nous le verrons la premiére fois. Présentement nous allons continuer à nous entretenir sur l'histoire Romaine.

Lady

Lady SENSE'E.

Nous avons laiſſé *Apius Claudius* ſoûtenant dans le Sénat qu'il ne falloit faire aucune grace aux ſéditieux pour les rappeller : le parti contraire prévalût. On envoya vers le peuple les Sénateurs qui leur étoient les plus agréables, & on leur accorda l'abolition des dettes. La prédiction d'*Apius* commença dès-lors à ſe vérifier : la multitude fiére de ſe voir recherchée, mît de nouvelles conditions à ſon retour. Deux hommes ſéditieux repréſentèrent au peuple qu'il devoit profiter de la crainte du Sénat pour obtenir des Magiſtrats plébéïens ; car vous vous ſouvenés ſans doute, Meſdames, que les ſeuls Patriciens pouvoient parvenir aux charges. A cette demande, *Apius* recommence ſes cris ou plûtôt ſes prophéties ; il n'eſt point écouté : les partiſans du peuple l'emportent, & ceux qui avoient craint que deux Magiſtrats choiſis parmi les plus honnêtes gens, n'abuſaſſent de leur autorité pour tyranniſer les Romains, ne craignirent point de remettre le deſpotiſme entre les mains de quelques Magiſtrats tirés d'entre une foule de ſéditieux. On permit donc au peuple de ſe nommer des
Tri-

Tribuns dont l'unique emploi devoit être de le protéger contre le Sénat. Il ne leur étoit pas permis d'entrer dans ce Parlement des Romains ; ils devoient se tenir à la porte pour annuller les jugemens qu'ils croiroient injustes.

Lady Spirituelle.

Permettés-moi, ma chère, de vous faire remarquer que l'autorité de ces Magistrats étoit bien peu de chose, & que par conséquent vous vous êtes servie d'une expression trop forte en disant qu'on remît le despotisme entre leurs mains.

Madem. Bonne.

Si Lady *Spirituelle* eût voulû se donner la patience d'écouter jusqu'au bout, elle n'auroit pas fait une remarque inutile : si elle eût même écouté avec réflexion, elle auroit compris, que des hommes qui pouvoient annuller toutes sortes de jugemens sans rendre raison de leurs motifs, étoient les maîtres absolus de toutes les affaires, & libres de commettre toutes sortes d'injustices.

Miss SOPHIE.

Mais, ma Bonne, s'ils ne vouloient pas être justes par amour de la justice, ils devoient l'être par crainte. Les Tribuns du peuple savoient fort bien que le Sénat qui ne les voyoit pas de bon œil, seroit attentif à leur conduite, & que s'ils ne se comportoient pas bien, ils seroient punis sans la moindre grace.

Madem. BONNE.

Remarqués, Miss *Champêtre*, que les priviléges des Tribuns du peuple étoient absolument contraires aux lumiéres naturelles. Miss *Sophie* qui assûrément n'y entend pas malice, vient de faire une excellente critique de la conduite des Romains. Elle ne suppose pas que ces gens-là fussent à l'abri du châtiment s'ils abusoient de leur autorité ; cette supposition ne viendra dans l'esprit de personne : donc la conduite des Romains n'étoit pas raisonnable. Ecoutés-moi, Mesdames, avec beaucoup d'attention, je vous prie.

Les Tribuns du peuple étoient ou pouvoient être de vrais Tyrans.

D

Il y avoit cent contre un à gager que les Tribuns feroient des Tyrans.

Voilà deux propofitions qu'il faut vous prouver, Mefdames. Dites-moi, Lady *Violente*, qui a le plus de pouvoir, ou du Magiftrat qui commande une chofe, ou de celui qui avec un feul mot peut caffer fa fentence ?

Lady VIOLENTE.

Affûrement ! c'eft celui qui peut caffer la fentence qui a le plus grand pouvoir.

Madem. BONNE.

Eft-il plus raifonnable de penfer que deux ou trois hommes ayent plus de lumiéres, plus de probité, de bonne volonté, que le plus grand nombre des autres perfonnes, du Parlement affemblé par exemple ?

Lady VIOLENTE.

Je crois que cela feroit poffible fi on choififfoit les deux ou trois perfonnes de la nation qui euffent le plus de fageffe, de fcience, & de vertu.

Ma-

Madem. BONNE.

Mais si ces personnes devoient être choisies parmi le bas peuple, les cordonniers, les tailleurs & autres : que penseriés-vous de leur gouvernement, surtout s'il étoit assés absolu pour casser toutes les loix que donneroit le Parlement, surtout encore si on ne pouvoit punir ces personnes, quelque mauvais usage qu'elles fissent de leur autorité ?

Lady MARY.

Permettés-moi, ma Bonne, de vous demander, à quoi aboutiront toutes ces questions ? Un gouvernement tel que vous le supposés, n'a jamais existé, & sans doute n'existera jamais, à moins que ce ne soit chés une nation stupide. Quoi ! une demi-douzaine de personnes sans éducation, sans principe, sans lumiéres, auroient un pouvoir si absolu sur tout un peuple, qu'il faudroit leur obéir sans pouvoir les châtier des fautes qu'elles commettroient ? Cela ne peut pas tomber sous les sens.

Madem.

Madem. BONNE.

Tel fût pourtant la forte de gouvernement qu'on accorda au peuple Romain pour lui faire abandonner le mont facré. On permît aux Plébéïens de nommer des Tribuns qui avec ce feul mot *J'empêche* pouvoient annuller tous les ordres des Confuls, & toutes les délibérations du Sénat. Ce n'eſt pas tout ; la perſonne de ces nouveaux Magiſtrats fût déclarée facrée, c'eſt-à-dire, qu'on ne pouvoit les attaquer fans paſſer pour facrilége : or un homme déclaré tel n'étoit plus en fûreté ; il étoit permis à tout le monde de le tuer comme un chien enragé. Jugés par-là fi les Tribuns du peuple n'avoient pas la liberté d'être impunement auſſi méchans qu'ils le vouloient ; jugés par-là fi ce n'étoit pas là un vrai defpotifme, & ofés dire que le menu Romain étoit libre, pendant que toute la nobleſſe étoit aſſervie à de tels Tyrans.

Miſs CHAMPETRE.

Je fuis abfolument rendue, ma Bonne ; les Romains n'ont pas joui de cette forte de liberté qui eſt mon idole, & j'entrevois,

vois, comme vous nous l'avés dit, que la vraye liberté confifte à être foûmis à des Supérieurs légitimes qui foient abfolument les maîtres de faire obferver les loix reçûes fans qu'on puiffe les forcer à y rien changer. Il me refte pourtant deux difficultés que je vous prie de lever; voici la première.

Les Tribuns pouvoient abufer d'une autorité qui n'avoit rien au deffus d'elle, & dont ils ne devoient rendre compte à perfonne; mais le même inconvénient, n'arrive-t-il pas quand un peuple a un Roi abfolu? N'eft-il pas vrai que s'il n'abufe pas de fon autorité, au moins il eft poffible qu'il en abufe, furtout fi perfonne n'eft en droit de lui faire rendre compte de fes actions?

Voici ma feconde difficulté. La perfonne des Tribuns du peuple étoit facrée; mais c'étoit feulement pendant le tems qu'ils étoient en charge: ce tems expiré, n'eft-il pas permis aux Confuls d'examiner leur conduite, & de les punir s'ils avoient mérité de l'être?

Madem. BONNE.
Je vais répondre par ordre à vos deux difficultés, quoique j'aye une idée de l'a-

voir déjà fait quelque part ; mais je regarde ce point comme très-important, & je ne crois pas pouvoir trop vous inculquer cette leçon. C'eſt l'amour d'une liberté mal-entenduë qui cauſe tous les déſordres des Etats & des familles : n'épargnons rien pour remettre tout dans l'ordre.

Il eſt certain que dans le miſérable état où le péché a réduit l'homme, ſes paſſions le portent toûjours à abuſer de ſon pouvoir pour aſſujettir les autres autant que cela dépend de lui : il ne faut donc pas s'attendre à trouver un gouvernement exempt de défauts, ni dans les royaumes, ni dans les familles ; il faut ſe borner à ſouhaiter & à procurer celui dans lequel il y en a le moins. Un Roi, un père de famille peut être un Tyran comme le fûrent autrefois les Tribuns de Rome : les Conſuls eûſſent pû auſſi tyranniſer le peuple ; mais je ſoûtiens pourtant que l'autorité légitime d'un ſeul eſt moins ſujette à l'inconvénient de la tyrannie que l'autorité partagée comme elle le fût chés les Romains, & comme elle l'eſt encore dans quelques républiques. Prenons l'exemple du père de famille.

Il eſt certain que quand il conſerve toute l'autorité, ſes enfans & ſes domeſtiques ſont plus heureux que quand il a la

foi-

foiblesse de la partager avec quelques-uns de ses enfans ou avec un domestique. Ce dernier fait pour obéïr, ne fait jamais, ou du moins presque jamais faire un bon usage de son pouvoir ; il a des intérêts différens de ceux du maître, & pour avancer ses intérêts, il sacrifie volontiers ceux de toute une famille dans laquelle il est étranger, qu'il peut abandonner à châque instant ou de gré ou de force. Son grand but (à moins que la religion ou un excellent naturel ne changent le cours ordinaire des choses) son grand but, dis-je, est de se procurer un état heureux s'il vient à perdre sa place, & cet intérêt l'emporte toûjours sur celui du maître ; par conséquent, il chassera ou maltraitera les autres domestiques qui auront des vûës opposées aux siennes : il en changera jusqu'à ce qu'il en trouve de propres à seconder ses intentions, & s'il réussit dans sa recherche, il protégera ces derniers quelque mal qu'ils fassent leur devoir à l'égard du maître. Vous concevés qu'une telle maison gémira beaucoup plus sous le joug du domestique, qu'elle n'eut fait sous celui du maître dont l'unique intérêt est d'être bien servi.

La même chose arrive dans des Etats héréditaires. Le bien, la fortune du Roi où du Prince, est un grand nombre de sujets assés riches pour lui payer les taxes & faire fleurir son Etat. S'il cherchoit à détruire ses sujets, à les ruiner, il feroit à peu près comme un homme qui arracheroit tous les arbres fruitiers dont il tireroit sa subsistance; il se mettroit lui & ses enfans dans la nécessité de mourir de faim. Sur dix mille hommes, on auroit peine à en trouver quatre assés extravagans pour avoir une telle conduite, & sur un grand nombre de Rois, on en trouvera peu qui veuillent en ruinant leurs peuples, détruire l'héritage de leurs enfans. J'ai donc raison de répondre à votre première difficulté, qu'on a moins à craindre de la part d'un Roi, que Rome n'avoit à craindre du côté de ses Tribuns : le premier a intérêt à conserver le bon ordre ; les seconds avoient intérêt à le détruire parceque c'étoit le moyen d'augmenter leur pouvoir & leur crédit. Pour répondre à votre seconde difficulté, je vous ferai remarquer que les Tribuns qui entroient en charge, avoient intérêt à soutenir ceux qui en sortoient. Si le Sénat avoit voulu les punir de leur mauvaise conduite, les nouveaux Tribuns en disant *J'empêche,* auroient arrêté le procès.

Lady

Lady Spirituelle.

Ce que vous venés de dire, ma Bonne, m'a fait faire une réflexion que je ne veux pas laisser échapper. J'ai connû de deux sortes de personnes : les unes sans aucun attachement pour de vieux domestiques, n'ont pas honte de les laisser sur le pavé après de longs services ; les autres poussent ce me semble à l'excès leur reconnoissance. Je connois quantité de Dames qui ont fait de leur nourrice le Tyran de leur famille où bien une ancienne femme de chambre métamorphosée en femme de charge, prétend à des respects beaucoup plus grands que n'en exige la maîtresse.

Madem. Bonne.

Il faut éviter ces deux écueils, Mesdames. Il est infame que des gens qui ont usé la moitié de leur vie dans le service d'une personne de qualité, soient obligées d'aller chercher du pain ailleurs ; mais il est très-dangereux de se laisser asservir par d'anciens domestiques. Nourrissés-les, pourvoyés-les à leurs besoins ; mais ne souffrés point d'autre maîtresse que vous dans votre maison. J'ai vû plusieurs fois de très-grands abus à cette occasion : une vieille

vieille femme de chambre parvient non feulement à gouverner fa maîtreffe, mais encore à lui faire partager toute la baffeffe de fes fentimens. Ce défaut a fa fource dans un autre; une femme abfolument abandonnée au plaifir, manque de tems pour profiter de toutes les parties qu'on lui propofe : elle ne rentre dans fa maifon que pour manger, s'habiller & dormir. Ses domeftiques lui font étrangers ; elle ne connoit pas même leur vifage : la femme de charge les reçoit, les renvoye ; elle eft à fon gré leur Tyran, & la maîtreffe eft refponfable devant Dieu de toutes les injuftices qu'on fait à ces pauvres gens, parcequ'on fe repofe abfolument fur fa négligence. Adieu, Mefdames ! Lady *Spirituelle*, venés me voir demain matin.

DIXIÉME JOURNÉE.

Madem. BONNE.   *Lady* SPIRITUELLE.

Lady SPIRITUELLE.

JE n'ai pas dormi de toute la nuit, ma Bonne ; tant le rendés-vous que vous m'avés m'avés donné, m'a inquiétée. Je ne saurois deviner ce que vous avés à me dire en particulier : j'ai pourtant des soupçons.

Madem. BONNE.

Des choses très-importantes, ma chère amie, & dont vous auriés dû m'instruire vous-même. Je croyois avoir votre amitié ; je me flattois même que mon attachement pour vous devoit l'avoir méritée : je ne puis voir sans douleur que je me suis trompée.

Lady SPIRITUELLE.

Vous m'avés condamnée trop legérement, ma Bonne : je sais ce dont vous m'accusés ; mais je ne suis point coupable.

Madem. BONNE.

J'ai peine à le croire, ma chère Lady. Votre complaisance aveugle pour Miss *Molly* l'a peut-être perdue : comment avés-vous pû lui garder le sécret sur un attachement qui ne pouvoit que la déshonorer & la ruiner ?

Lady SPIRITUELLE.

Je me suis trouvée dans de telles circonstances qu'il ne m'étoit pas possible de lui manquer de fidélité D'abord, je lui ai arraché son sécret ; elle ne me l'a confié qu'après avoir exigé de moi un serment sacré de ne la pas trahir. Je sais que je pouvois refuser de faire ce serment ; mais je prévoyois que mon amie avoit besoin de conseils, & je vous proteste que je lui en ai donnés de tels que je ne pourrois m'en repentir si j'étois à l'article de la mort. Je n'ai même rien oublié pour l'engager à vous ouvrir son cœur ; je l'ai ébranlée sans avoir eu la force de la déterminer.

Madem. BONNE.

Vous avés violé votre serment, ma chère; vous aviés juré à Miss *Molly* de ne la pas trahir, & le sécret que vous lui avés gardé, étoit la plus dangéreuse de toutes les trahisons. Dites-moi, ma chère, si votre amie vous avoit confié sous la foi du serment qu'elle a une maladie mortelle dont elle ne veut pas être guérie, vous feriés-vous fait un scrupule de manquer à votre serment ?

Lady SPIRITUELLE.

Je ne sais, ma Bonne ; du moins aurois-je été bien embarrassée, car enfin, c'est un grand péché de violer son serment.

Madem.

Madem. BONNE.

A ce compte, *Hérode* fit fort bien de faire couper la tête à St. *Jean* Bâtifte, car il avoit juré d'accorder à la fille d'*Hérodias* tout ce qu'elle demanderoit ?

Lady SPIRITUELLE.

Cela eft différent ce me femble ; il n'eft jamais permis de faire tuer un innocent.

Madem. BONNE.

S'il n'eft jamais permis de tuer le corps d'un homme, il l'eft bien moins de contribuer à la perte de fon âme ; vous aviés fait un ferment indifcret, un ferment de faire une mauvaife chofe : vous étiés obligée de violer votre promeffe.

Lady SPIRITUELLE.

Je comprends que j'ai fait une faute, ma Bonne ; comment faire pour la réparer ?

Madem. BONNE.

Il faut m'avouer fans détour tout ce

que vous favés de l'intrigue de Mifs *Molly*; vous devés être bien perfuadée, ma bonne amie, que je n'en ferai ufage que pour fon bien. Jufqu'à préfent, fon fécret eft en fûreté; faifons enforte que tout ceci finiffe fans que fa réputation en fouffre.

Lady SPIRITUELLE.

Je confens à vous obéir, ma Bonne; mais auparavant tirés-moi de peine en m'apprenant, comment vous avés pû être inftruite de tout ceci?

Madem. BONNE.

Par Mifs *Molly* elle-même. Je reçûs hier au commencement de la leçon un billet qu'elle me fit donner par Lady *Senfée :* elle me dit qu'elle étoit prefque perdue, qu'elle n'avoit pas le courage de m'avouer fon état; mais que vous faviés toutes fes affaires, & que vous pourriés m'en inftruire.

Lady SPIRITUELLE.

Dieu foit beni, ma Bonne ! puifque ma pauvre amie a le courage de vous découvrir

vrir son état, je la regarde comme sauvée. Vous savés que Miss *Molly* étoit à Bath un mois avant moi : elle y avoit fait connoissance d'un homme fait exprès pour la séduire, car on peut dire qu'il a tout ce qu'il faut du côté de la figure, des talens & de l'esprit, pour tourner la tête à une jeune personne ; aussi notre amie l'aime-t-elle avec une passion qu'il n'est pas possible de concevoir. Vous savés qu'elle n'est rien moins que riche ; cependant, elle fait un très-bon parti pour un avanturier qui n'a pas le sol : aussi cet homme n'a-t-il rien épargné pour l'engager à un mariage sécret, & j'ai craint plusieurs fois qu'elle ne succombât à la tentation. Cependant, elle a eu la force d'y résister jusqu'à présent ; mais combien lui en a-t-il coûté ! Elle vous eût fait pitié, ma Bonne, si vous aviés vû le terrible état où elle s'est trouvée plusieurs fois. Sa situation a été une leçon efficace pour moi, & m'a empêchée de faire une sottise : j'ai eu ma tentation aussi, & quand vous m'avés demandé un entretien, j'avois la bouche ouverte pour vous le demander.

C 2 *Madem.*

Madem. BONNE.

Je n'ai rien à apprendre fur cet article, ma chère; je le fais à peu près, & fuis très-contente de votre conduite: cependant, je ne ferai pas fâchée de favoir de vous tout le détail de cette affaire que Madame votre mère m'a fait l'honneur de me confier en gros.

Lady SPIRITUELLE.

Je vous aurai bientôt tout dit, ma Bonne. Un homme fort aimable a, je crois, fait l'amour à ma fortune : j'ai été affés fotte pour croire qu'il n'en vouloit qu'à ma perfonne; je commençois à m'y attacher quand l'état affreux de mon amie m'a fait ouvrir les yeux fur les dangers d'une paffion. J'ai pris tout de fuite le parti d'ouvrir mon cœur à mon père & à ma mère. Mylord m'a répondu avec bonté qu'il ne cherchoit qu'à me rendre heureufe; que cet homme, quoique fans bien, étant d'une naiffance convénable, j'avois affés de fortune pour lui & pour moi s'il eût eu d'ailleurs les qualités néceffaires au bonheur d'une femme; mais qu'il favoit que cet homme qui n'avoit
aucun

aucun vice grossier, n'aimoit que lui, & étoit tellement infatué de son mérite qu'il ne seroit jamais en état d'être touché de celui d'une femme. Ce tendre père a eu la bonté d'ajoûter qu'il me prioit de faire quelques réflexions sur ce qu'il venoit de me dire, & qu'ensuite il me laisseroit maîtresse de ma destinée. La bonté de mon père a été comme un coup de tonnerre qui a tué dans un instant l'inclination qui commençoit à s'emparer de mon cœur: je me suis jettée aux pieds de Mylord sans pouvoir parler, tant j'étois pénétrée, & je n'ai recouvert la parole que pour lui abandonner ma destinée, & lui promettre que je prendrois aveuglement un époux de sa main. Cette résolution s'est fortifiée dans mon âme, & je me trouve dans une paix & une joye inexprimable.

Madem. BONNE.

Voilà le prix infaillible des sacrifices que l'on fait au devoir: plût à Dieu que Miss *Molly* voulût l'éprouver! Je suis d'avis que nous allions chés elle; mais auparavant demandons bien le secours de Dieu. Hélas! tout ce que nous pourrions lui dire, ne frappera que ses oreilles si le Seigneur ne parle à son cœur.

Madem. BONNE. *Lady* SPIRITUELLE. *Miss* MOLLY *assiste la tête cachée dans ses mains.*

Miss MOLLY.

Si j'avois crû pouvoir me sauver sans donner des soupçons aux domestiques, vous ne me trouveriés pas ici, Mesdames; il faut que vous soyés bien cruelles d'y être venues. Est-ce pour insulter à mon état? Vous y perdrés votre peine; je sais tout ce que vous voudriés me dire. Je connois mon mal; mais je l'aime: je n'en veux point guérir; je ne veux rien écouter des discours que vous avés préparés. J'étois folle quand j'ai écrit le billet d'hier; j'en suis au désespoir: tout ce que je vous demande, c'est de me garder le sécret, & de me laisser en repos.

Madem. BONNE.

Je vous jure, ma chère amie, que je vous laisserai en repos aussi-tôt que vous y serés;

ferés; mais vous êtes bien éloignée de cet heureux état. Vous avés des peines: ne fera-t-il point permis à votre amie de les partager, de mêler ses larmes avec les vôtres, de vous donner tout le secours qui dépendra d'elle? Au nom de Dieu, ma chère, au nom de la tendresse que j'ai toûjours eue pour vous, embrassés-moi. Ce n'est point comme un censeur que je viens à vous. Hélas! quelques soient vos foiblesses, je connois par une triste expérience qu'en pareil cas, je serois peut-être plus foible que vous. Allons, ma chère! le mal n'est pas si grand que vous vous le figurés: vous vous êtes effrayée mal à propos.

Miss MOLLY.

Lady *Spirituelle* ne vous a donc pas instruite de tout?

Madem. BONNE.

J'aurois bien eu la patience de la laisser entrer dans un grand détail: j'ai conçû confusément qu'il y avoit de l'amour sur le tapis, que ma chère *Molly* étoit dans la peine, & aussi-tôt je ne suis plus capable que de voler à son secours. J'oublie ma difficulté à marcher; il eût été trop long d'attendre un carrosse : je prends le bras de Lady *Spirituelle* sans considérer que je l'assomme, & elle m'a portée ou plûtôt traînée jusqu'ici.

Miss MOLLY.

Vous êtes trop bonne, assûrement ! & je ne mérite pas votre amitié.

Madem. BONNE.

Et par quelle raison, je vous prie ? C'est comme si vous disiés : parceque je suis très-malade, je ne mérite pas d'avoir un médecin. Et moi, je vous assûre, ma bonne amie, que vous méritiés plus que jamais mon estime & ma tendresse, que je n'oublirai jamais la confiance que vous avés eue en moi, & que je suis fort édifiée du courage que vous avés eu de me faire connoître un amour que vous croyés que je combattrois.

Miss MOLLY.

Un amour ! Dites plûtôt une rage, une yvresse,

yvresse, une . . . . Ah! je ne sais quels termes employer pour exprimer ce que je sens. J'ai renoncé volontairement aux lumiéres de ma raison, & par un juste châtiment de Dieu, cette raison ne m'éclaire plus que pour mon supplice. Je connois, je sens toute la pésanteur de mes chaînes : je les arrose de mes larmes sans avoir la force, je ne dirai pas de les briser, mais même de le souhaiter. Ah! ma Bonne, je suis une abominable créature ! Abandonnés-moi à la colére de Dieu ! Faites retirer Lady *Spirituelle* ; sa vûë augmente ma peine. Otés-moi la vie par pitié ! Epargnés-moi la peine & le crime d'y attenter moi-même ! Ah ! que je suis misérable !

Madem. BONNE *faisant signe à Lady* SPI-
       RITUELLE *de sortir.*

Nous voilà seule, ma chère, calmés ces mouvemens furieux. Je suis sûre que votre état n'est pas aussi pénible que vous le dites ; mais quelqu'il soit, il n'est pas sans reméde. Ouvrés-moi votre cœur ; (*Madem.* BONNE *se jette à ses pieds*) je ne quitterai point vos pieds que vous n'ayés déchargé le noir poison qui vous suffoque.

C 5   *Miss.*

Miss MOLLY *se mettant aussi à genoux.*

Ah, mon Dieu ! ma Bonne, vous me faites mourir de honte ; levés-vous, je vous en conjure.

Madem. BONNE.

Non, mon enfant ! En vous mettant à genoux, votre cœur par un mouvement involontaire, s'est tourné vers Dieu. Vous l'avés appellé à votre secours : faites-le encore avec moi ; dites du fond de votre âme : fils de *David* ayés pitié de moi !

Miss MOLLY.

Je vous jure, ma Bonne, qu'il m'est impossible de prier ; mon cœur se refuse au sentiment des paroles que ma bouche prononce.

Madem. BONNE.

Eh bien ! ma chère ; regardés-vous en la présence de Dieu comme une pauvre morte qui n'a pas la faculté de lui demander sa résurrection : je vais la demander pour vous. Jésus fût touché des pleurs de la la veuve de Naïm : il lui rendit son fils ; il me rendra ma fille.

Madem. BONNE *prie quelques momens tout bas, puis elle dit :*

Lévons-nous, ma chère ; Dieu m'a exaucée, j'en suis sûre. Parlés-moi avec confiance ; il me fournira les remédes propres pour vous guérir.

Miss MOLLY.

Vous le voulés, ma Bonne ; je vais vous satisfaire : apprêtés-vous à frémir. Premiérement, j'aime ou plûtôt j'adore un homme que je méprise souverainement parceque je sais qu'il n'est point honnête homme. Secondement, quoique mon esprit soit convaincû que je ne puis être heureuse avec une personne de ce caractère, mon cœur me dit qu'il faut qu'il soit brisé si je ne l'épouse pas. Il me semble que s'il devoit me haïr, me battre, me laisser manquer des choses les plus nécessaires, tous ces maux ne me seroient rien au prix du plaisir de le voir tous les jours. Enfin, ma passion est monté à un tel point, que j'ai pris hier

J'afl'affreuſe réſolution de me mettre dans la néceſſité de l'épouſer & de forcer mon père par un ſentiment d'honneur à conſentir à ce mariage. Mon indigne amant m'a fait promettre de me trouver demain dans une maiſon qu'il m'a indiquée, d'où il doit me conduire en Irlande. Quand je vous dis que j'ai pris cette réſolution, je m'exprime mal ; mon deſſein ou plûtôt le ſien me fait tant d'horreur, que la mort me paroit préférable à une démarche ſi honteuſe. Si j'étois moins perſuadée de l'immortalité de mon âme, ah ! certainement, je me donnerois cette mort que je déſire ; mais toutes les fois que cette penſée s'offre à mon eſprit, elle eſt toûjours accompagnée de celle d'une éternité de ſupplices. Dans ce cruel état, un mouvement preſque involontaire me força hier à vous écrire : je m'en ſuis repentie mille fois depuis ; car enfin, ma Bonne, vous allés vouloir m'arracher à ma paſſion, fachés qu'il vaudroit autant eſſayer de m'arracher le cœur..... Ah, mon Dieu ! que vais-je devenir ?

Madem. BONNE.

Non, ma chère ! je ne vous dirai point qu'il faut arracher votre paſſion de votre âme ;

âme ; je sens trop que cette entreprise est au dessus de vos forces : je veux seulement la réduire à des bornes raisonnables. Si vous ne soupçonniés pas la probité de votre amant, je me ferois fort d'obtenir le consentement de vos parens pour l'épouser, car enfin, je ne regarde pas les richesses comme essentielles au bonheur, au lieu que l'on ne peut espérer aucune félicité avec un homme qui manque par l'honneur. Si vous n'aviés pas d'autres preuves de sa méchanceté que le projet de votre enlévement, on pourroit l'excuser sur l'excès de sa passion.

Miss MOLLY.

Mais comme vous le dites fort bien, ma Bonne, mes soupçons sur la droiture de son caractère ne m'ont été donnés que par Lady *Spirituelle*. S'ils étoient faux, quel seroit mon bonheur ! surtout après la promesse que vous m'avés faite de vous intéresser auprès de mes parens. Quelles obligations ne vous aurois-je pas ! Que ferai-je pour vous prouver ma reconnoissance ?

Madem.

Madem. BONNE.

Vous le pouvés, ma chère, en abandonnant toute cette affaire à ma conduite. D'abord, vous devés être perfuadée que je vous aime tendrement, & que dans toute cette affaire, je ne veux que votre bien. Vous êtes trop agitée pour pouvoir prendre les méfures convenables pour la faire réuffir : fiés-vous en à moi; vous n'aurés pas fujet de vous en repentir.

Miſs MOLLY.

Eh bien ! ma Bonne, vous n'avés qu'à commander ; je vous promets une obéiſſance abfoluë.

Madem. BONNE.

Il faut donc que vous me donniés huit jours pour m'arranger, & comme dans cet intervalle votre étourdi d'amant pourroit troubler mes méfures, il faut que vous me promettiés de ne le pas voir durant tout ce tems.

Miſs MOLLY.

Vous me demandés une chofe impoffible, ma Bonne ; il me voit tous les deux
jours

jours dans le cabinet de ma femme de chambre. Si je refufois de le recevoir, furtout après avoir manqué au rendés-vous de demain, il croiroit que je fuis changée à fon égard : il en mouroit de douleur.

Madem. BONNE.

Je trouverai du reméde à tout cela, ma chère. Je prierai Madame votre mère de vous permettre de venir paffer huit jours avec Lady *Senfée*, fous prétexte de vous faire voir quelques expériences de phyfique. Vous écrirés à votre amant que ce contre-tems vous a empêché de lui tenir parole. Si avant ces huit jours mes méfures réuffiffent, je vous laifferai la maîtreffe de le voir dans ma chambre même. Suis-je affés complaifante, ma chère ?

Mifs MOLLY.

Ah ! vous êtes trop bonne ; mais ne me trompés-vous pas ? Cela feroit trop cruel, & vous auriés, je vous affûre, ma mort à vous reprocher.

Madem. BONNE.

Je fuis prête à vous écrire mes promeffes, & à les figner de mon fang. Permettésmettés-moi de rappeller Lady *Spirituelle*, & de la prier de vous tenir compagnie, pendant que j'irai vous demander à Madame votre mere: vous pouvés auſſi écrire votre billet, & le remettre à votre femme de chambre; mais ne lui parlés pas de mon deſſein: la moindre imprudence de ſa part pourroit le faire échouer. Je vous permets ſeulement d'en faire part à Lady *Spirituelle*, car votre cœur eſt plein; il vous faut une confidence.

Madem. BONNE *en ſortant dit à Lady* SPIRITUELLE.

Allés retrouver votre amie; ne la quittés pas un inſtant, & ne me jugés pas ſans m'entendre. Donnés auparavant à votre laquais un mot de ma part à Lady *Senſée*, pour l'avertir de laiſſer comme par haſard ſur ſa table l'extrait qu'elle a fait des mémoires de Madame *de Gondès*.

Madem. BONNE. *Lady* SPIRITUELLE.
Lady SENSE'E. *Miſs* MOLLY.

Madem. BONNE.

Je vous amene bonne compagnie, Lady *Senſée*; j'ai obtenu Miſs *Molly* pour huit jours,

jours, & j'espére que Lady *Spirituelle* obtiendra la même faveur de Madame sa mere. Mylady doit lui rendre une visite ce matin : allés toutes deux avec elle pour solliciter cette grace ; je tiendrai compagnie à Miss *Molly* en attendant votre retour.

Nous voilà seule, ma chère amie, & nous pouvons parler librement de nos petites affaires. Mais ne ferions-nous pas bien de demander les lumiéres du St. Esprit ? Si nous avons besoin de son assistance dans tous les momens de notre vie, ce besoin augmente surtout quand il est question de s'engager sans retour. (*Elles se mettent toutes deux à genoux.*)

Madem. Bonne *après s'être relévée.*

Je n'ai pû, ma chère, m'empêcher de remercier Dieu pendant tout le chemin des grandes graces qu'il vous a faites. Que seriés-vous devenue dans les violens accès de désespoir où vous avés été livrée, si la pensée salutaire d'une éternité malheureuse vous avoit abandonnée un seul instant ? Oh ! que cette pensée est salutaire ! Que ne devés-vous pas faire pour marquer votre reconnoissance au Dieu

misé-

miséricordieux qui vous l'a envoyée ! Quel amour ne devés-vous pas à ce père tendre qui a veillé sur vous avec tant de soin, pendant que vous vous abandonniés vous-même ! Ah ! ma chère enfant, tournés vers lui ce fond immense de tendresse que vous sentés pour la créature : il ne vous défend pas d'aimer ce qui est aimable ; mais souvenés-vous qu'il est le centre de toute beauté, & que vous lui devés la préférence.

Miss MOLLY.

Hélas ! ma Bonne, j'avoue que je suis bien coupable à cet égard. Il est certain que j'ai aimé la créature plus que lui : je le dis en frémissant ; mais c'est un aveu que le cri de ma conscience m'arrache : comment pourrai je réparer ce crime ?

Madem. BONNE.

En vous déterminant fortement à régler vos sentimens sur sa sainte loi. Il me semble pourtant, ma chère amie, que vous vous jugés trop rigoureusement : au milieu de l'emportement de la passion la plus violente, il me paroit que la balance

des ADOLESCENTES. 67

à toûjours panché du côté du devoir. Vous n'avés pas confenti abfolument au projet de l'enlévement : vous l'aviés en horreur; vous avés eu le courage de m'écrire.

Miss MOLLY.

Ne cherchés pas à m'excufer, ma Bonne ; avec toute l'horreur que j'avois de cette action, je n'aurois pas eu la force de réfifter à mon amant s'il avoit voulû abfolument que je la fiffe.

Madem. BONNE.

Quelle précaution ne dois je pas prendre pour gagner les bonnes graces de cet homme s'il devient votre époux ! Si j'avois le malheur de lui déplaire, & qu'il vous commanda de m'empoifonner, vous auriés horreur de cette action, & pourtant vous n'auriés pas le courage de lui réfifter.

Miss MOLLY.

Pour le coup, ma Bonne, vous pouffés les chofes trop loin. Je pourrois donner ma vie pour plaire à mon amant ; mais jamais rien ne pourroit m'engager à attenter

ter à celle du dernier des hommes, encore moins à celle de mon amie.

Madem. BONNE.

Ce que vous me dites-là, n'eſt ni raiſonnable, ni vraiſemblable. Premiérement, vous devés vous aimer plus que moi, & certainement, vous faites à cet égard ce que vous devés. Secondement, vous n'avés pas plus de droit ſur votre vie que ſur la mienne. Enfin, vous avés été prête à devenir vraiement homicide pour lui obéir ; je n'en dis pas aſſés, ma chère : vous touchiés au parricide. Croyés-vous que votre père & votre mère euſſent ſurvécû au chagrin que leur auroit donné votre fuite, à la honte dont elle les auroit couvert, aux malheurs que cette mauvaiſe action auroit attiré ſur vous ? Non, ma chère ! vous auriés eu en peu de jours leur mort à vous reprocher. Ajoûtés à ce malheur celui d'être déſhonorée, car enfin, la réputation ne ſe récouvre pas. Celle d'une fille qui ſe laiſſe enlever, eſt perdue pour jamais ; le mariage même ne peut la réhabiliter dans l'eſprit des honnêtes gens qui ne voyent en elle qu'une fille ſans pudeur qui s'eſt livrée à la diſcrétion

d'un

d'un homme qui pouvoit la tromper comme cela est arrivé dix mille fois. Je vous l'avoue, ma chère, j'aimerois mieux vous voir tomber morte en ce moment que de vous voir persévérer dans un dessein si lâche. Je ne sais pourquoi je vous dis cela, car je suis persuadée que vous y avés renoncé absolument : parlons d'autre chose. Pour que je puisse agir efficacement en votre faveur, j'ai besoin d'être instruite de la fortune, de la naissance & du caractère de votre amant ; ainsi, ma chère, j'espére que vous voudrés bien me dire tout ce que vous en savés.

Miss MOLLY.

Le chapître de sa fortune sera bientôt fini : il m'a avoué lui-imême qu'il étoit un cadet qui n'avoit hérité de ses péres que d'un grand nom & d'une légitime très-mince ; c'est ce qui l'a déterminé à passer en Angleterre pour tâcher de se pousser dans le service. Le pauvre garçon a été bien surpris d'apprendre que sa qualité d'étranger l'empêchoit de parvenir à rien : il étoit sur le point de repasser en Allemagne, lorsque sa curiosité le conduisit à Bath. Je vous assûre, ma Bonne, que sa bonne mine

mine & son esprit l'ont fait considérer de tous les honnêtes gens. Je ne suis pas la seule à laquelle il ait plû : Mylady R*** qui est belle, jeune, riche, & veuve, n'a rien oublié pour me l'enléver. Il ne tenoit qu'à lui de l'épouser : il me l'a sacrifiée, & elle en a quitté Bath de dépit. Pour sa naissance, elle est illustre ; il est de la famille des B***. Sa sincérité à m'avouer sa pauvreté, m'a convaincue qu'il ne m'en imposoit pas sur sa naissance; d'ailleurs, son éducation est trop distinguée pour un homme du commun Je vous ai dit que je le méprisois : j'ai eu tort. Il a fait quelques actions que je ne puis approuver ; mais il est dans des circonstances où le plus honnête homme du monde succomberoit à la tentation.

Madem. BONNE.

Et quelles sont les tentations auxquelles les circonstances malheureuses l'ont fait succomber ?

Miss MOLLY.

Je dois vous dire tout, ma Bonne; mais il m'en coûte infiniment. Il a eu
besoin

besoin d'argent, & il m'a prié de lui en trouver. Comme ce que j'en avois, n'étoit pas suffisant, j'ai emprunté à toutes mes amies, & je dois environ trente guinées à différentes personnes : de plus, j'ai mis en gage mon collier de perles, mes bagues ; & comme cela ne faisoit pas la somme dont il avoit besoin, il m'a dit que je pouvois fort bien disposer de quelque chose dans la maison, puisqu'il attendoit une lettre de change d'Allemagne, & qu'il me remettroit fidélement tout ce que je lui aurois confié. C'est de là, que Lady *Spirituelle* a pris occasion de me dire qu'il étoit un malhonnête homme ; je l'ai crû trop legérement, car enfin, ce n'est pas un crime d'emprunter quand on sait qu'on pourra rendre. De plus, elle sait qu'il a beaucoup gagné au jeu, & elle prétend qu'il devoit d'abord me payer : il le souhaitoit, & m'a offert de le faire ; mais en même tems, il m'a avoué que cela le dérangeroit beaucoup, & que je lui ferois plaisir d'attendre sa lettre de change.

Madem. BONNE.

Pour ne pas juger trop legérement, j'ai besoin de prendre quelque tems pour réfléchir

fléchir sur ce que vous venés de me dire.
En attendant, ma chère, adreſſés-vous à
Dieu avec ardeur pour le prier de faire
réuſſir cette affaire ſelon ſa ſainte volonté.
Vous ſavés, mon enfant, que nous ne
connoiſſons pas nous-même ce qui nous
eſt convenable, & qu'un chrétien doit être
dans la diſpoſition de tout ſacrifier pour
lui obéïr ; ſi vous ne ſentés pas en vous
cette diſpoſition néceſſaire à ſalut, de-
mandés-la lui avec ferveur. Pour l'exciter, rappellés-vous cette éternité malheu-
reuſe qui vous a frappée ſi vivement. Un
des plus grands périls du ſalut eſt de
manquer l'état où la providence nous deſ-
tine : demandés donc inſtamment la force
d'accomplir la volonté divine, de quelque
maniére qu'elle ſe faſſe connoître. Voici
nos Dames de retour. Eh bien ! Lady
Spirituelle, ſerés-vous des nôtres cette ſé-
maine ?

Lady SPIRITUELLE.

Oui, ma Bonne ; Mylady y a conſenti
de bon cœur. Ah ! que nous allons lire
& dire de bonnes choſes ! Mais la table
de Lady *Senſée* eſt chargée d'écritures
comme celle d'un Procureur. Peut-on

ſans

fans indifcrétion, ma chère, vous demander ce que c'eft que ce manufcrit?

Lady SENSE'E.

C'eft l'extrait des mémoires de Madame *de Gondès*, que ma Bonne m'a permis de faire pour m'apprendre à bien m'exprimer par écrit : j'extrais tous les ouvrages qui m'amufent, & enfuite je les lis à ma Bonne.

Lady SPIRITUELLE.

Et ma Bonne, a-t-elle entendu lire cet extrait?

Lady SENSE'E.

Non, ma chère.

Lady SPIRITUELLE.

J'en fuis bien aife, nous en profiterons. Ne le voulés-vous pas bien, ma Bonne?

Madem. BONNE.

Oh providence! que vous êtes admirable! Ce manufcrit qui s'eft fait fans deffein, sein, cette circonstance que je ne l'ai pas encore lû, cette curiosité de Lady *Spirituelle*; voilà des événemens qui semblent ne rien signifier, Mesdames, & cependant, ils étoient nécessaires pour faire réussir les desseins du Très-Haut : vous en serés convaincûes un jour, mes enfans. Nous lirons ce manuscrit ce soir ; l'heure du diner approche. Lady *Sensée*, allés faire un tour dans le jardin avec Miss *Molly*; cela dissipera son mal de tête. Vous avés les yeux rouges, ma chère ; prenés l'air pour être en état de paroître à table. Lady *Spirituelle*, je voudrois vous dire un mot.

Lady SPIRITUELLE *quand les deux autres sont sorties.*

Vous m'avés dit de ne vous pas condamner sans vous entendre. Je vous assûre, ma Bonne, que cette précaution étoit nécessaire. Ou la pauvre *Molly* est devenue folle, ou vous n'êtes pas trop raisonnable ; elle m'a dit que vous lui aviés promis d'engager ses parens à consentir à son mariage avec cet avanturier que vous ne croyés pas aussi méchant que j'ai voulû le lui persuader. Savés-vous bien, ma
Bonne,

Bonne, que je suis un peu piquée ? Vous croyés le témoignage d'une pauvre fille abusée par une passion violente, & vous ne me croyés pas, moi qui suis de sang froid, & qui n'ait aucun intérêt de décrier cet homme. Je ne sais, quel peut être votre dessein ; mais je soûtiendrai toute ma vie qu'il est un coquin & un lâche.

Madem. BONNE.

Est-ce comme cela que vous me justifiés, ma chère ? Ai-je plus de passion que vous dans cette affaire ? Vous devés être persuadée que la charité & l'amitié sont les seuls motifs qui me font agir ; vous devés croire que je trouve dans mon âge & dans mon expérience des lumiéres qui vous manquent : cependant, vous ne voyés rien de tout cela, pourquoi ? c'est que votre amour propre est blessé. Vous avés décidé que le Baron, amant de votre amie, est un malhonnête homme ; vous êtes piquée de ce que je parois revoquer en doute la sagacité de votre jugement. Apprenés par cet exemple à être sur vos gardes quand votre orgueil se croit lézé ; apprenés encore à ne pas condamner la conduite de personne sur des apparences équivoques.

J'ai

J'ai trouvé la pauvre Miss *Molly* au moment de devenir folle & hors d'état de rien écouter de ce qui pouvoit la ramener à la raison. Pour calmer son esprit, il falloit moins la contredire que flatter sa manie : elle m'entend à présent ; je suis venue à bout de l'enléver à son amant, de gagner huit jours dans lesquels je pourrai trouver les moyens de lui ouvrir les yeux. Elle ne se défie plus de mes conseils ; elle me croit dans les intérêts de sa passion, & cela sans que j'aye pris la peine de la tromper. Je lui ai promis de travailler à l'unir avec son amant, supposé qu'il fût honnête homme ; vous voyés que je ne risque rien : dès l'instant que je pourrai lui prouver qu'il est un scélerat, ma parole est dégagée. Retenés bien, ma chère, qu'une personne qui veut faire entendre raison à une folle, est plus folle qu'elle. La passion est une folie momentanée ; il faut savoir se plier à propos aux circonstances pour se rendre maître de cette passion, la calmer, & n'employer les raisonnemens qu'au moment où l'âme est assés calme pour les entendre. Je suis parfaitement au fait des artifices dont ce misérable s'est servi pour séduire Miss *Molly*. J'espére avec le secours du ciel les tourner à sa honte, & m'en servir pour le détruire.

Vous

Vous connoissés Mylady R***; c'est une femme respectable & respectée: sa bonne conduite l'a mise au dessus de la plus sévére critique. Ce misérable Baron a persuadé à Miss *Molly* que cette femme l'adoroit, & qu'il lui avoit sacrifié une fortune qu'elle lui offroit. Cette Dame me fait l'honneur d'être mon amie: je compte sur son secours, peut-être la providence me fournira-t-elle quelqu'autre moyen; mais laissés-moi digérer mes idées. La cloche du diner nous appelle. N'oubliés pas de demander la lecture du manuscrit.

CONVERSATION DU SOIR.

Madem. BONNE. *Lady* SENSÉE. *Lady* SPIRITUELLE. *Miss* MOLLY.

Lady SPIRITUELLE.

Avoués, ma Bonne, que je suis un drôle de corps: la compagnie étoit très-bonne & fort amusante; cependant, je grillois d'impatience de la quitter pour lire ce manuscrit de la façon de Lady *Sensée*.

Madem. BONNE.

Fort bien ! Vîte, vîte ! il faut tout quitter pour vous satisfaire, sans penser si cette lecture sera du goût de Miss *Molly.*

Miss MOLLY.

Oh pour cela, ma Bonne ! elle m'a communiqué son impatience, & ne m'a entretenue tout du long du diner que de cette lecture. Je n'en suis pas surprise : je connois Lady *Spirituelle* ; ce qu'elle désire, elle le désire à la rage.

Madem. BONNE.

Et moi, je regarde cette curiosité dans la circonstance présente comme un mouvement du St. Esprit. Je ne veux pas vous tromper, ma chère ; cette histoire semble arriver exprès pour vous, & si vous ne saviés qu'elle n'a pû être écrite en deux heures, vous seriés autorisée à croire que je l'ai fait extraire exprès. Vous en allés juger. Commencés à nous la lire, Lady *Sensée.*

Lady SENSE'E.

Le Comte *de Rancé,* homme respectable,

ble, resta veuf avec un fils & une fille. Le fils marchant sur les traces de son père, prit le parti des armes ; il se nommoit *de Rancé*. La fille fut élévée par une sage gouvernante qui profita habilement du plus heureux naturel. Comme Mademoiselle *de Rancé* étoit belle & riche, elle eût bientôt un grand nombre d'adorateurs Le Marquis *D**** qui étoit l'admiration de toute la cour, lui adressa ses vœux. Mademoiselle *de Rancé* qui ne contoit pour rien les graces de l'extérieur & les agrémens de l'esprit, eût bientôt démêlé que son amant manquoit par les qualités du cœur qu'elle estimoit uniquement. Son père qui n'avoit pas eû assés bonne opinion du jugement de sa fille, n'avoit pas imaginé qu'elle fût sans goût pour un homme qui faisoit tourner la tête à toutes les femmes, & s'étoit arrangé en conséquence. Il entrevît la répugnance que sa fille avoit pour le Marquis, & comme il étoit bon père, il ne voulût pas forcer son goût ; mais il craignît mortellement qu'elle ne se fût engagée mal à propos avec quelqu'un indigne d'elle, puisqu'elle n'osoit lui confier le sécret de son cœur. Mr. *de Rancé* avoit un ami intime avec lequel il étoit lié dès sa jeunesse ; c'étoit le Comte *de Gondès*.

Cet homme qui touchoit à soixante ans, étoit d'un commerce si aimable que les jeunes gens même avoient beaucoup d'empressement pour lui. Il venoit souvent chés Mr. *de Rancé*, & sa fille le regardoit, pour ainsi dire, comme un second père. Ce fût cet ami que Mr. *de Rancé* chargea de sonder le cœur de sa fille sur les motifs de sa répugnance pour le Marquis. Mademoiselle *de Rancé* en les lui avouant, remplit le Comte d'admiration : il fût retrouver son ami, le félicita sur le bonheur qu'il avoit d'avoir une fille si parfaite, & gémit d'être venû au monde trente ans trop tôt, puisque son âge ne lui permettoit pas d'aspirer au bonheur de devenir l'époux de Mademoiselle *de Rancé*. Son ami étoit trop sincére pour le flatter de sacrifier sa fille à une alliance si disproportionnée ; mais le Comte étant sorti, il dit en riant à Mademoiselle *de Rancé*, qu'il avoit à se plaindre d'elle puisqu'elle avoit sans le vouloir, troublé la paix du cœur dont le Comte *de Gondès* avoit joüi jusqu'alors. Quelle fût sa surprise lorsque sa fille lui dit de l'air le plus dégagé, qu'elle ne lui auroit montré aucune répugnance pour le mariage s'il lui avoit proposé le Comte au lieu du Marquis, & qu'elle estimoit assés ce respectable ami pour le choisir comme son guide dans le monde ! Mr. *de Rancé* transporté de joye, embrassa sa fille, & courût annoncer à Mr. *de Gondès* ce qu'il venoit de faire en sa faveur. Je passe sous silence le ravissement du Comte. Le mariage se fit, & ne fût suivi d'aucun repentir.

Madame *de Gondès* avoit une amie, veuve depuis trois ans, & dont son frère étoit fort amoureux ; elle se nommoit d'*Estainville*, & n'avoit qu'un frère qui cherchoit dans l'ordre de Malthe des ressources contre la mauvaise fortune. Il étoit prêt à prononcer ses vœux lorsque la mort de son père le rappella à Paris. Voir Madame *de Gondès*, en devenir passionné, fût l'ouvrage d'un moment. Comme il n'en étoit pas à son apprentissage sur l'amour, il conçût que son sort dépendoit de sa retenuë, & qu'avec une femme de la vertu de Madame *de Gondès*, la moindre imprudence le perdroit. Il joua donc le respect, l'amitié, & se conforma tellement à ses goûts, qu'elle l'aima long-tems elle-même sans s'appercevoir de ce qui se passoit dans son cœur. Chés une femme ordinaire, l'amour est presque toûjours un vice ; chés celle qui est solidement vertueuse, il n'est

qu'un malheur, & devient l'occafion des plus grands facrifices. Madame *de Gondès* frémit en découvrant que fon cœur s'étoit donné malgré elle, & pour fe punir de s'être laiffé furprendre, elle montra une grande paffion d'aller voir les terres de fon mari, qui étoient en Brétagne. Le voyage fût réfolû; quelques affaires le différèrent, & Madame *de Gondès* s'impofa la loi de ne plus voir le Chevalier *de Fâtime :* c'étoit le nom de fon amant. Elle ne prévoyoit pas que la précaution qu'elle prenoit pour empêcher le Chevalier de connoître l'impreffion qu'il avoit fait fur fon cœur, étoit le plus fûr moyen de l'en inftruire. Il favoit que la Comteffe ignoroit ce que c'étoit que la caprice : il étoit fûr de ne l'avoir point offenfée ; cependant, elle le fuyoit, donc elle le craignoit parcequ'elle l'aimoit. Il fe confirma dans cette penfée la première fois que le hafard la lui fit rencontrer. Sa rougeur, fon embarras, tout lui apprit qu'il étoit aimé. Cette connoiffance l'enhardit ; il ofa écrire fes fentimens : la Comteffe rejetta fes premiéres lettres, ne pût continuer long-tems dans cette rigueur, en lût une, la trouva fi pleine de refpect qu'elle eût peine à en faire un crime à celui qui l'avoit écrite ;
elle

elle donna quelques larmes à son malheur, & dans ce moment d'attendrissement, le Chévalier s'offrit à ses yeux. Sa vûë rendit à Madame *de Gondès* toute sa fermeté; mais en lui ordonnant impérieusement de se retirer, ses larmes la trahirent, & elle lui laissa comprendre que sa vertu seule avoit dicté l'arrêt de son bannissement. Rendue à elle-même, Madame *de Gondès* se fit tous les reproches qu'elle méritoit, & pour se punir de sa foiblesse, elle garda le lit plusieurs jours, & dit à son époux que l'air de Paris lui étoit devenu mortel, & qu'elle le conjuroit de tout sacrifier pour hâter un départ nécessaire au rétablissement de sa santé. Elle partit trois jours après, le cœur déchiré & l'âme tranquille; il lui sembloit à mésure qu'elle s'éloignoit du Chévalier qu'on lui ôtoit un poid énorme dont elle étoit suffoquée. Mr. *de Gondès* avoit un arrière-neveu, nommé *Disanteuil*, qu'il avoit toûjours regardé comme son héritier; il méritoit toute sa tendresse, & l'intérêt de ce cher neveu auroit été capable de lui faire sacrifier sa passion, si *Disanteuil* ne s'étoit jetté à ses pieds pour le conjurer de ne le point rendre un obstacle à son bonheur. La beauté de son procédé avoit augmenté la tendresse de son

oncle qui avoit pris de bonnes méſures
pour aſſûrer le bonheur de *Diſanteuil* ; il
s'apperçût avec chagrin que ce jeune homme n'avoit pas de diſpoſition à ſeconder
ſes intentions. L'âge & les infirmités de
Mr. *de Gondès* l'avertiſſoient que ſa fin étoit
proche : ſa femme & ſa fortune étoient la
récompenſe qu'il deſtinoit à la généreuſe
amitié de ſon neveu ; mais ce parent ché-
ri montroit la plus grande indifférence pour
un engagement irrévocable. S'il eût pû
preſſentir les deſſeins de ſon oncle, ſa joye
eût appris à Mr. *de Gondès* que ſa répugnance pour le mariage venoit de la paſſion
violente que lui avoit inſpiré la Comteſſe.
Cette paſſion n'étoit point combattue parcequ'il devoit à ſon oncle : elle étoit ſi
pure qu'il n'eût pas craint de lui faire lire
dans les plus ſécrets replis de ſon cœur.
Enfin, Mr. *de Gondès* mourût, & laiſſa
Mr. *de Rancé* exécuteur de ſes derniéres
volontés. Il laiſſoit ſon bien par égale
partie à ſon épouſe & à *Diſanteuil*, & ſouhaitoit qu'il fût réuni par l'union des deux
perſonnes qui lui avoient été les plus chères.
Mr. *de Rancé* qui n'avoit aucun ſoupçon
de l'amour que ſa fille avoit conçû pour
le Chevalier *de Fâtime*, ſe perſuada qu'elle
ſe ſoûmettroit avec joye aux derniéres volontés

lontés de son époux ; ainsi il donna sa parole d'honneur à *Disanteuil*, & apprit à Madame *de Gondès* qu'il s'étoit engagé pour elle. Quel coup de foudre pour cette fille qui ne sentoit pas moins le respect & l'obéïssance qu'elle devoit à son père, que l'empire d'une passion d'autant plus violente qu'elle avoit été plus long-tems contrainte ! Quoiqu'elle eût pris une ferme résolution de n'être jamais qu'au Chévalier, elle n'eût pas la force de déclarer à son père le dessein qu'elle avoit formé, & se contenta de lui dire que la mort récente de son époux ne lui permettoit pas de s'occuper des projets d'un second mariage, & qu'elle étoit déterminée de laisser passer tout le tems de son deuil avant de réfléchir sur ce qu'elle feroit à cet égard. Cette excuse étoit plausible. Mr. *de Rancé* s'en contenta, & en fit part à *Disanteuil*. Ce tendre & respectueux amant le laissa dans son erreur dans la peur de commettre Madame *de Gondès*. Il est pourtant certain qu'il avoit prévû cette réponse ; un amant a des yeux d'*Argus*. *Disanteuil* avoit connû la passion de *Fâtime*, & le retour que Madame *de Gondès* lui avoit accordé malgré elle ; il prévit qu'elle ne pouvoit sans être malheureuse, remplir les enga-

engagemens que son père avoit pris pour elle, & dès-lors il prit l'héroïque résolution de sacrifier tout son bonheur à celui de celle qu'il aimoit.

Madame *de Gondès* vivoit dans la plus austére retraite, & s'étoit bornée à la société d'un petit nombre d'amies. La sœur du Chevalier *de Fâtime* étant la plus ancienne, Mr. *de Rancé* la voyoit avec plaisir partager la solitude de sa fille, & n'étoit pas surpris de la voir accompagnée de son frère. *Fâtime* se contraignît pendant quelques mois par égard pour la délicatesse de Madame *de Gondès*; mais ayant appris que Mr. *de Rancé* parloit de *Disanteuil* comme d'un homme qui devoit être son gendre, il ne pût résister aux craintes que lui fit sentir cette nouvelle. Il étoit sûr d'être aimé, & n'osoit pourtant se promettre d'être heureux, parcequ'il savoit que rien ne pourroit forcer Madame *de Gondès* à désobéïr à son père. Il osa lui exposer ses frayeurs ; elle ne s'en offensa pas : cependant, en lui promettant de ne jamais consentir à se donner à un autre qu'à lui, elle lui déclara que malgré sa qualité de veuve, elle ne l'épouseroit jamais sans le consentement de son père. Il fallut se contenter de cette promesse, & les deux amans

attensattendoient tout du tems & de leur constance.

Un jour que le Chevalier *de Fâtime* fortoit d'auprès de Madame *de Gondès*, il fût attaqué par trois hommes qui le bleſſèrent dangéreuſement, & qui l'auroient tué ſi *Diſanteuil* qui ſe trouva proche du lieu du combat, ne fût accourû au bruit, & n'eut ſauvé la vie à ſon rival au péril de la ſienne. Madame *de Gondès* manqua mourir de douleur en apprenant le danger du Chevalier, & ſous prétexte de conſoler Madame *d'Eſtainville*, elle courût chés elle. Les médecins ne pûrent lui rien dire de déciſif; la bleſſure étoit grande, & l'on n'eſpéroit que ſur la jeuneſſe du Chevalier. Elle n'oſa le voir ce premier jour dans la crainte de lui donner trop d'émotion ; mais lorſque le malade fût hors de danger, elle n'eût pas le courage de lui refuſer ſes viſites. Un jour qu'elle le ſurprit, elle fût fort étonnée de lui trouver ſon portrait entre les mains. *Fâtime* lui avoua qu'il l'avoit eû avant ſon départ pour la Brétagne, par le moyen d'un peintre de ſes amis auquel Mr. *de Gondès* avoit donné un de ſes portraits à retoucher. Madame *de Gondès* ſe plaignît d'abord de cette liberté,

s'aps'appaisa ensuite, & finit par lui permettre de garder ce portrait.

Quelque violente que fût la passion de Madame *de Gondès*, elle ne pouvoit lui fermer les yeux sur l'injustice qu'elle faisoit à *Disanteuil :* elle savoit qu'il étoit instruit de son amour pour son rival, & sentoit toute la générosité qui l'engageoit à ne pas découvrir cet amour à Mr. *de Rancé*. De plus, *Disanteuil* avoit sauvé la vie à un rival qui étoit le seul obstacle à son bonheur ; comment, auroit-elle pû se déguiser la noblesse de ce procédé ? Ajoûtés-y ce qu'elle devoit aux dernières volontés de son époux, aux ordres de son père, & vous comprendrés qu'elle ne jouïssoit pas avec tranquillité de ses sentimens pour *Fâtime*. Elle attendoit en frémissant l'instant du dénouëment, & n'avoit encore rien déterminé sur la conduite qu'elle devoit tenir, lorsque la trahison de son amie la força d'avancer l'aveu de ses sentimens.

Madame *d'Estainville* aimée depuis plusieurs années du frère de Madame *de Gondès*, l'amusoit de vaines promesses sans avoir pû se déterminer à renoncer à la liberté du veuvage. Elle étoit alors plus éloignée que jamais de répondre à ses sentimens ;
une

une nouvelle passion l'occupoit toute entiére, & *Disanteuil* en étoit l'objet : elle se flatta qu'il pourroit l'aimer à son tour si elle réussissoit à lui ôter toute espérance de toucher le cœur de Madame *de Gondès*. Que ne peut point un amour violent sur une âme sans principe ? Tout ce qu'elle devoit à son amie, tout ce qu'elle se devoit à elle-même, ne pût l'arrêter : elle fait prier *Disanteuil* de se rendre chés elle, & après avoir exagéré l'injustice de Madame *de Gondès* à son égard, lui offre de le consoler de ses dédains.

Disanteuil plein de mépris pour une femme si emportée, eût besoin de toute la douceur de son caractère pour ne lui pas faire sentir combien il dédaignoit une conquête qui venoit s'offrir à lui ; mais quand à cette premiére hardiesse, elle eût ajoûté celle de soûtenir que Madame *de Gondès* avoit aimé *Fatime* du vivant même de son époux, & que dès ce tems elle lui avoit donné son portrait, il ne pût retenir son indignation. Rendés grace à votre sexe, lui dit-il, qui vous dérobe à mon juste ressentiment. Je connois trop la vertu de Madame *de Gondès* pour ajoûter foi à l'horrible calomnie dont vous osés la noircir ; je ne lui connois qu'un défaut, c'est d'avoir

voir pû aimer une femme d'un caractère aussi méprisable que le vôtre.

Disanteuil tourna le dos à la *d'Estainville* après lui avoir dit ces paroles, & la laissa dans des transports de rage & de confusion qu'il n'est pas possible d'exprimer; toutefois, la honte dont elle s'étoit couverte, ne fût pas capable de la distraire de l'affreux projet qu'elle avoit conçû. Elle fit prier Mr. *de Rancé* de passer chés elle, lui répéta les calomnies qu'elle avoit avancées contre Madame *de Gondès*, & pour ne lui laisser aucun doute sur le crime de sa fille, elle lui montra le portrait qui étoit dans une boëte que Mr. *de Rancé* avoit donné à sa fille avant son mariage: la perfide *d'Estainville* avoit beaucoup loué l'ouvrage de cette boëte, ce qui avoit engagé Madame *de Gondès* à la lui offrir. Mr. *de Rancé* retourna chès lui le cœur percé de douleur, & s'étant enfermé dans son cabinet, il commanda qu'on n'y laissa entrer que *Disanteuil*. Ah, mon cher ami! s'écria-t-il en lui tendant les bras, à qui pourra-t-on se fier désormais puisque Madame *de Gondès* sous le masque d'une austére vertu cache le cœur le plus faux & le plus corrompu? Arrêtés, Monsieur! s'écria *Disanteuil*; gardés-vous de soupçonner

çonner votre vertueuse fille sur le rapport de la plus méprisable de toutes les femmes! & sans donner à Mr. *de Rancé* le tems de lui répondre, il lui redit ce qui s'étoit passé le matin entre lui & la *d'Estainville*, & pour lui prouver la fausseté de cette femme, il lui apprit qu'il savoit de la femme de chambre de Madame *de Gondès* qu'il n'y avoit pas plus d'un mois qu'elle s'étoit défaite de sa boëte de portrait à la priére de la *d'Estainville*.

Mais, Monsieur, repliqua Mr. *de Rancé*, s'il est faux que ma fille ait aimé Mr. *de Fâtime* du vivant de son époux, n'est-il pas vrai qu'elle l'aime à présent quoiqu'elle ait sû de ma bouche les engagemens que j'ai pris avec vous, & qu'elle a confirmés par son silence?

Commande-t-on à son cœur? repliqua le généreux *Disanteuil*. Au reste, Monsieur, je suis l'amant de Madame votre fille; mais je ne serai jamais son tyran: je vous rend la parole que vous avés eû la bonté de me donner. Cependant, comme vous pourriés croire que les calomnies dont on a essayé de la noircir, dans mon esprit auroient quelque part à la résolution que je prends, j'atteste le ciel qu'elle est toûjours à mes yeux la plus respectable de toutes

toutes les femmes ; que je l'adorerai jusqu'à mon dernier soupir, & que si par un miracle que je ne puis espérer, elle pouvoit se résoudre à récompenser ma tendresse, je préférerois le don de sa main à celui d'une couronne. En finissant ces mots, *Disanteuil* fit une profonde révérence & sortit.

Lady SPIRITUELLE.

Ma Bonne, je suis vraiment amoureuse de *Disanteuil* ; & si Madame *de Gondès* après cela ne l'épouse pas, je dirai qu'elle ne méritoit pas d'être aimée d'un aussi honnête homme.

Miss MOLLY.

Et que vous a fait le pauvre Chevalier *de Fatime ?* Parceque sa sœur étoit une malhonnête femme, falloit-il qu'il devînt malheureux, aussi bien que la pauvre Madame *de Gondès ?* Elle estimoit *Disanteuil* sans doute ; mais elle aimoit le Chevalier, & eût été misérable sans lui.

Madem.

Madem. BONNE.

Elle le pensa comme vous, ma chère. Continués, Lady *Sensée*.

Lady SENSE'E.

Mr. *de Rancé* laissa sortir *Disanteuil* sans pouvoir lui dire un seul mot : il étoit pénétré d'admiration pour lui, de colère contre la *d'Estainville*, & de douleur pour Madame *de Gondès* qui perdoit par sa faute un époux si estimable. Il eût donné la moitié de son sang pour changer le cœur de sa fille ; il se détermina pourtant à ne la pas contraindre absolument : il resta quelque tems seul pour se remettre du trouble où deux scénes si diverses venoient de le jetter, & lorsqu'il se crût maître de ses mouvemens, il entra chés la Comtesse, & lui dit :

Vous étiés il n'y a qu'un moment, la plus méprisable de toutes les femmes à mes yeux : vous êtes justifiée du crime qu'on vous imputoit ; mais je ne sais pourtant encore si je dois vous rendre toute mon estime. Décidés vous-même, ma fille, si vous la méritès. Etes-vous dé-
termi-

terminée à tenir la parole que j'ai donnée pour vous à *Difanteuil?*

Madame *de Gondès* tombe aux pieds de son père, arrose ses mains de ses larmes, & lui dit : je suis sans doute coupable envers le meilleur de tous les pères ; mais mon silence jusqu'à ce jour n'a eû sa source que dans la crainte de lui déplaire. Il est vrai que mon cœur s'est laissé surprendre ; j'espére pourtant que mon choix n'a rien dont j'aye à rougir à vos yeux : le Chevalier *de Fâtime* ne céde point à *Difanteuil,* ni du côté des qualités personnelles, ni du côté de la naissance. Il est vrai qu'il n'a pas de bien ; mais, Monsieur, vous êtes trop généreux pour lui faire un crime de celui de la fortune, & c'est pour moi le plus doux de tous les plaisirs d'être en état de réparer les injustices du sort à son égard.

Mr. *de Rancé* ordonna d'un ton grave à la Comtesse de se reléver. Il lui apprit tout ce qui s'étoit passé entre lui, la *d'Eftainville* & *Difanteuil*. Je ne veux pas, ajoûta-t-il, rendre le Chevalier responsable de la méchanceté de sa sœur, ni vous faire valoir la générosité de *Difanteuil:* cependant, si vous êtes encore capable de quelque obéïssance à mon égard, j'exige

que

que vous me fuiviés à la campagne ; que vous y paffiés une année entiére fans voir le Chevalier *de Fâtime*; & fi pendant cet intervalle vous n'ouvrés point les yeux fur ce que vous devés au plus refpectable de tous les hommes, je vous donne ma parole d'honneur de ne me point oppofer à votre union avec votre amant.

Mr. *de Rancé* fe retira fans attendre la réponfe de fa fille, & la laiffa accablée de la douleur la plus vive. Je paffe fous filence tout ce qu'elle fe dit à elle-même: vous pouvés vous l'imaginer en réflêchiffant fur fa fituation. Enfin, après bien de combats, elle fe détermina à fuivre les ordres de fon père, perfuadée qu'un fiécle, fi l'on peut s'exprimer ainfi, ne pourroit caufer aucune altération ni dans fes fentimens, ni dans ceux du Chevalier. Elle déteftoit trop fa perfide fœur pour fe réfoudre à remettre les pieds chés elle ; ainfi elle fit dire au Chevalier de fe trouver le lendemain matin dans les Tuilleries. Il s'y rendit fort inquiet, ne fachant à quoi attribuer une vifite ou plûtôt un rendésvous fi contraire à la conduite de Madame *de Gondès*. Rien ne peut être comparé à fon indignation & à fon défefpoir lorfqu'il fût inftruit de la conduite affreufe

de

de sa sœur, & des suites funestes qu'elles alloit avoir pour son amour. La Comtesse pour le rassûrer, lui jura que rien n'étoit capable d'affoiblir sa constance, & qu'il la retrouveroit fidéle au bout du terme que Mr. *de Rancé* avoit fixé à leurs maux. Quelques consolantes que fussent ces promesses, le Chevalier n'oublia rien pour l'engager à se soustraire à l'autorité d'un père qui abusoit de son pouvoir pour la tyranniser : ses priéres, ses larmes, son désespoir même ne fûrent pas capable d'ébranler la Comtesse.

Lady SPIRITUELLE.

Il faut que j'interrompe Lady *Sensée*; aussi bien a-t-elle besoin de se reposer. Cette histoire commence à prendre un bon tour, & je suis fort contente du Chevalier *de Fâtime*.

Miss MOLLY.

Et moi, je suis bien contente de vous voir changer à son égard. J'étois fâchée de vous voir dans le parti de *Disanteuil* : c'étoit un très-honnête homme, si vous voulés ; mais enfin, la Comtesse ne l'aimoit

moit pas. Etoit-elle obligée de facrifier à
fa probité tout le bonheur de fa vie ? car
enfin, elle eût été malheureufe en l'époufant.

Lady SPIRITUELLE.

Nous ne nous entendons pas, ma chère
amie ; je fuis bien contente de *Fâtime*
parceque je gagerois qu'il n'époufera jamais Madame *de Gondès :* il étoit un malhonnête homme, & ne méritoit pas une
telle époufe.

Mifs MOLLY.

Et fur quoi, je vous prie, jugés-vous
qu'il étoit un malhonnête homme ?

Lady SPIRITUELLE.

Parcequ'il confeille à Madame *de Gondès* de fe fervir du pouvoir des loix pour
défobéïr à fon père. Voyés-vous, ma
chère, fi un homme faifoit des miracles
de vertu à mes yeux, & qu'en même tems
il m'excita à violer les devoirs de la nature, je le tiendrois pour un hypocrite &
fcélerat. Ne me grondés pas, ma bonne
amie ;

amie ; mais promettés-moi, que si par hasard *Fâtime* n'étoit point honnête homme, vous serés du parti de *Disanteuil*, & que vous consentirés qu'il épouse Madame *de Gondès*.

Miss MOLLY.

Vous êtes bien drôle avec votre consentement ; cependant, si Madame *de Gondès* avoit demandé mon conseil, je lui aurois dit : si *Fâtime* est un méchant homme, tâchés de l'arracher de votre cœur, supposé que cela soit possible ; mais gardés-vous d'en épouser un autre par dépit, ce seroit vous exposer aux plus grands maux.

Madem. BONNE.

Oh ! pour le coup, je suis de l'avis de Miss *Molly* ; on ne doit jamais se marier par dépit, & je vour avertis, Lady *Spirituelle*, que je ne consentirai pas à un tel mariage. Voyons ce que la Comtesse fit sans notre avis.

Lady SENSE'E.

Mr. *de Rancé* n'avoit pas défendu à sa fille

fille d'écrire au Chevalier *de Fâtime* ; ainsi elle adoucit la rigueur de l'absence par un commerce régulier. *Disanteuil* n'étoit pas avec elle : j'ai oublié de vous dire qu'il avoit poussé la délicatesse jusqu'à s'exiler en Bretagne par égard pour Madame *de Gondès*. Elle sentoit tout le prix de cette conduite, & gémissoit de la nécessité où elle se trouvoit de faire le malheur d'un homme qui méritoit son estime & son amitié ; mais ces sentimens étoient bientôt absorbés par celui qui dominoit chés elle, & c'étoit son amour pour le Chevalier. Elle n'osoit prononcer son nom devant son père, & se dédommageoit de cette contrainte en recherchant la solitude. Elle ne pût pourtant se refuser à la société d'une Dame dont le château étoit voisin de celui de Mr. *de Rancé*. C'étoit une Marquise jeune, veuve, riche, belle, enjouée, & dont la conversation, quoique très-superficielle, avoit des charmes, par la façon plaisante dont elle débitoit les choses les plus communes.

Vraiment, ma belle voisine, dit-elle un jour à Madame *de Gondès*, il vous sied bien à vingt trois ans de vouloir vivre en hermite : quittés cet air composé & grave qui vous va pourtant fort bien, & amusons-nous. A quoi ? lui demanda Madame *de Gondès* ; à médire, ma belle Comtesse. Je soupçonne que ce plaisir aura pour vous la grace de la nouveauté : rions de tout le genre humain, & en révenche consentons à le voir rire de nous avec tranquillité.

En finissant ces mots, l'enjouée Marquise fait le portrait de vingt femmes, saisit avec habileté leurs ridicules, en fait rire la Comtesse, car sa critique n'attaquoit que l'extérieur, & respectoit la réputation. La Marquise eût parlé long-tems sans être interrompue ; mais le nom de la *d'Estainville* étant venu dans la conversation, Madame *de Gondès* lui demanda avec une sorte d'émotion, si elle étoit fort liée avec elle ? Je la connois peu, reprit la Marquise ; mais j'ai long-tems compté son frère au nombre de mes amis.

Ces paroles firent rougir & pâlir la Comtesse ; & si la Marquise eût fait quelque attention aux changemens de son visage, elle eût pénétré le vif intérêt que Madame *de Gondès* prenoit au Chevalier. Mais la curiosité força la Comtesse à se remettre promptement, & elle dit à la Marquise : c'est avoir assés médit des femmes, parlons un peu des hommes ; &
puisque

puisque le Chevalier *de Fâtime* est venu là fort à propos, commencés votre satyre par lui.

En vérité, répondit la Marquise, j'ai fait une indiscrétion : les vices ne sont point sous le district de ma plaisanterie ; cependant, comme le Chevalier tout coupable qu'il est à mes yeux, n'a commis qu'une de ces fautes que nos agréables mettent au rang de leur mérite, j'aime mieux vous dire tout naturellement de quoi il est question, que de vous faire soupçonner par une réserve déplacée plus de mal qu'il n'y en a. J'avois une amie que j'aimois beaucoup. *Fâtime* la vît chés moi, l'aima, trouva le moyen de s'en faire aimer, la brouilla avec son mari, & l'abandonna pour la petite *de Jarnac* qui n'est pas à beaucoup près aussi aimable qu'elle.

La Comtesse mourante eût pourtant encore la force d'affecter un air dégagé. Vous êtes une historienne vraiement laconique, dit-elle à la Marquise ; mais vous ne vous piqués pas de chronologie : je suppose pourtant que votre histoire est récente, car il n'y a pas plus d'un an que Mr. *de Jarnac* est marié.

Distinguons, dit la Marquise : l'amour du Chevalier pour mon amie a trois ans de date ; celui de Madame *de Jarnac* n'a que six mois, supposé que le Chevalier l'aime encore, car on prétend que la vûë du péril l'a refroidi, & qu'il n'ignore pas que ce fût la jalousie de l'époux qui lui a suscité des assassins qui le blessèrent dangéreusement il n'y a pas long-tems.

Le courage de Madame *de Gondès* ne pût résister à une si rude attaque ; la Marquise la vît tomber à ses pieds sans sentiment, & sans pénétrer la cause de cet accident, courût appeller du secours. On porta la Comtesse sur son lit, & lorsqu'elle fût revenue à elle, elle assûra son père alarmé que sa foiblesse devoit n'être qu'accidentelle, & qu'un peu de repos la rétabliroit. Mais, qu'elle étoit éloignée d'en pouvoir goûter ! A peine se vit-elle seule, qu'elle livra son cœur à tout ce que la douleur a de plus vif. Si son amant n'eût été que volage, elle eût pû lui pardonner ; il étoit faux, le mal étoit sans reméde. Le tems où il avoit aimé l'amie de la Marquise, étoit précisément celui où il avoit eu la hardiesse de lui déclarer son amour ; d'ailleurs, sa passion pour Madame *de Jarnac* dans le tems où elle

elle lui donnoit toutes les preuves de sa tendresse qui étoient compatibles avec sa vertu, annonçoit un cœur corrompû sans retour. Une réflexion subite rappella une sorte de tranquillité dans son âme : de qui avoit-elle reçû ces funestes lumiéres ? d'une femme qu'elle connoissoit trop peu pour lui donner sa confiance ; d'une femme qui avoit pû forger ce roman par complaisance pour Mr. *de Rancé*. Dans cet instant de crise, elle reçut une lettre du Chevalier ; l'amour lui-même n'auroit pû en écrire une plus tendre, & la Comtesse après l'avoir lûe, se reprocha mille fois ses injustes soupçons. Cependant, ces soupçons ne pûrent être si bien effacés, qu'elle pût se trouver aussi tranquille qu'elle l'avoit été jusqu'alors. Pour finir les inquiétudes dont elle étoit agitée, elle chargea un homme dont elle étoit sûr, d'examiner le Chevalier de si près qu'aucunes de ses démarches ne pûrent lui échapper. Elle eût pû s'épargner cette peine : le Chevalier fût démasqué par une avanture si publique, qu'elle ne pouvoit manquer de parvenir jusqu'à elle.

L'intrigue de ce perfide avec Madame *de Jarnac* fût enfin découverte par l'époux de cette Dame ; il fût que cette femme sans pudeur devoit le recevoir dans sa chambre, & qu'il devoit passer par le jardin. Mr. *de Jarnac* s'y mît en embuscade avec quelques domestiques : certainement, le Chevalier couroit risque de sa vie, si Madame *de Jarnac* ne fût venue se jetter au milieu des combattans, & n'eût par cette action donné le tems à *Fâtime* de sortir par où il étoit entré. Le lendemain Mr. *de Jarnac* conduisit sa femme dans un convent, & fût le premier à publier son avanture. Cette nouvelle qui fût apportée à la Comtesse de tous les côtés, la réduisit bientôt à l'extrêmité. Le tendre *Disanteuil* n'eût pas plûtôt appris le danger où elle se trouvoit, qu'il revint, & s'enferma dans son apartement avec Mr. *de Rancé*. Elle fût désespérée des médecins plusieurs fois : elle guérit enfin & de sa fiévre maligne & de sa passion pour *Fâtime*. Ce lâche suborneur essaya vingt fois de lui parler lorsqu'elle fût de retour à Paris où elle resta plus de trois mois dans un état de santé fort languissante : enfin, le retour entier de sa raison & de sa santé fût l'effet d'une avanture fort singuliére.

Un jour qu'elle étoit seule, on lui annonça Mr. *de Jarnac*, & voici ce qu'il lui dit : Madame, j'ai trouvé parmi les bijouts

jouts de Madame *de Jarnac* un portrait qu'on ne peut méconnoître quand on a eu l'honneur de vous voir ; il étoit avec la lettre qui vous fera connoître de qui elle tenoit ce portrait. En finissant ces paroles, il fit une profonde révérence, & sortit.

Madame *de Gondès* resta immobile sans avoir la force d'ouvrir cette lettre ; elle la lût enfin, & voici ce qu'elle contenoit :

« Si je n'étois sûr de votre tendresse,
« je me plaindrois de votre bizarrerie.
« Quel acharnement de vouloir que je
« vous remette un portrait qu'on ne m'a
« pas donné, mais que je garde de l'a-
« veu de la personne peinte, & que je ne
« garde que dans des vûes éloignées que
« vous ne désapprouvés pas ! Vous ne
« sauriés douter de la vérité de ma passion
« pour vous. J'ai crû qu'en vous par-
« lant confidemment d'une affaire que je
« ménage depuis long-tems, je vous don-
« nois une preuve de mon attachement
« qui devoit vous être d'autant plus sen-
« sible, qu'elle marque une entiére con-
« fiance de ma part. Après ce préam-
« bule, vous croyés que je vous refuse ce
« diable de portrait qui vous met martel
« en tête ; non, le voilà, bien certain

" que vous me le rendrés dans le tems où
" il devra être dans mes mains. Cette
" restitution ne vous coûtera guére : vous
" verrés sans peine que je songe à ma for-
" tune, tandis qu'à tous les instans de ma
" vie, vous ne me verrés occupé que de
" vous. J'ai jusqu'à présent badiné avec
" l'amour ; vous seule m'avés forcé à lui
" donner sérieusement de l'encens. Je ne
" m'en répentirai jamais, si vous m'êtes
" aussi fidéle que je vous le serai."

Cette lettre étoit, sans doute, un reméde violent ; il fût efficace. Madame
de Gondès eût pû peut-être pardonner une
infidélité à *Fâtime* ; mais un cœur bienfait ne pardonne ni une perfidie ni une
bassesse, & le Chevalier étoit coupable de
tous ces crimes. Il eût pourtant la hardiesse de l'aborder dans une promenade
publique, & profita d'un instant où elle
étoit un peu éloignée de son père. Je
ne puis, Madame, lui dit-il, laisser échapper une occasion de me plaindre de la
rigueur avec laquelle vous me traités depuis long-tems ; non, Madame, je n'ai
jamais été assés criminel pour mériter une
aussi longue punition. Je vous demande
excuse, lui dit la Comtesse, de ne pas répondre à un discours que je ne comprends
pas :

pas : j'ai eu une longue maladie qui m'a ôté la mémoire de tout ce qui m'est arrivé avant ce tems. Le Chevalier outré de cette ironie, lui repliqua : vous n'avés pas, sans doute, oublié, Madame, que *Difanteuil* vous aime? Non, lui répondit-elle, c'est la seule chose dont je me souviens, & dont je me veuille souvenir. Au reste, Monsieur, vous avés un moyen de me rendre la mémoire ; faites-moi voir mon portrait, & je vous écoute. *Fâtime* resta interdit à ces paroles, & la Comtesse ajoûta : puisque vous ne voulés pas me le montrer, je veux être plus complaisante que vous ; le voici, dit-elle, en le tirant de sa poche avec la lettre qu'il avoit écrite en le sacrifiant. Je le tiens de Mr. *de Jarnac* ; que me conseillés-vous en ce moment? Le Chevalier comme frappé de la foudre, resta immobile quelques instans ; puis s'éloigna sans dire un seul mot. Depuis ce tems, la Comtesse en fût délivrée pour jamais, & devenue capable d'écouter sa raison : elle ouvrit les yeux au mérite de *Difanteuil*, & lui donna son cœur & sa main.

Miss MOLLY *se jettant dans les bras de Madem.* BONNE.

Ah, ma Bonne ! Lady *Sensée* avoit-elle deviné ma situation lorsqu'elle a extrait cette histoire ? Est-ce pour moi qu'elle a mis ces paroles : *un cœur bienfait ne peut pardonner une lâcheté ?*

Lady SENSE'E.

Je vous jure, ma chère, que je ne comprends rien à tout ce que je vois ; que je ne pensois pas à vous quand j'ai fait cet extrait, & que je suis stupéfaite de voir l'effet qu'il produit sur vous. Mais peut-être avés-vous quelque chose de particulier à dire à ma Bonne ; nous vous laissons en liberté.

Miss MOLLY.

Prouvés-moi que le Baron a le cœur lâche & perfide, & je vous prouverai à mon tour que j'ai le cœur bienfait en le détestant. Hâtés-vous, ma Bonne ! je vous en conjure, de me procurer les lumiéres nécessaires pour connoître à fond s'il ressemble au Chevalier *de Fâtime*.

Ma-

Madem. BONNE.

Mes preuves font prêtes, ma chère amie ; je fuis convaincûe que le Chevalier *de Fâtime* étoit un fort honnête homme comparé à votre Baron. Y a-t-il une lâcheté plus grande que celle de vous avoir incitée à vous endetter, à mettre vos bijoux en gage, à voler votre père & votre mère ? Il faut dire le mot, ma chère ; pallier les chofes, feroit vous trahir. Que deviendriés-vous fi vous aviés le malheur d'être liée avec un tel homme ? N'en doutés pas, ma chère : il périra d'une mort infame ; il ne peut fortir d'un fang noble, & certainement, Mylady *R * * ** n'a pû offrir fa main à un tel avanturier. Ouvrés les yeux, ma pauvre enfant ! vous êtes fur le bord de l'abîme : la bonté divine vous en retire comme par miracle ; elle vous donnera la force d'arracher de votre cœur une paffion défhonorante. Votre jeuneffe a été furprife par des artifices contre lefquels il ne vous étoit pas poffible d'être en garde ; heureufement, les principes de votre éducation ont prévalû.

Mifs

Miss MOLLY.

Pourquoi cherchés-vous à m'excuser, ma Bonne? N'avois-je pas donné mon consentement aux projets du Baron?... Mais non! vous avés raison; ma bouche seule avoit prononcé ce consentement affreux : la mort me paroissoit moins affreuse que l'exécution de cet infame dessein. C'en est fait ; je renonce au Baron : je ne veux plus le voir. Mais, ma Bonne, c'est tout ce qui est en mon pouvoir : ne me demandés pas de ne le plus aimer; cela passe mes forces. Quel dommage, que son cœur soit si différent de son esprit & de sa figure! Où trouverai-je ce que je perds aujourd'hui?

Madem. BONNE.

Fiés-vous à moi, ma chère! Vous êtes dans un moment de crise ; votre cœur est déchiré, & vous vous persuadés que vous restés seule dans l'univers en renonçant à votre amant. Bientôt, avec le secours de Dieu, cet état pénible disparoîtra ; je vous le promets sur ce qu'il y a de plus sacré. Je ne vous dis pas qu'il faille à ce moment faire de violens efforts pour oublier

le

le Baron ; non, ma chère : ce feroit vous tourmenter à pure perte. Vous avés fait tout ce qu'on doit exiger d'une fille raifonnable en prenant la ferme réfolution de ne le plus voir. Je n'exige à préfent de vous qu'une chofe fort facile. C'eft de ne point refter feule ; de vous amufer avec vos amies, & toutes les fois que l'idée du Baron fe préfentera à votre efprit, d'élever votre cœur à Dieu en difant : mon Dieu, rempliffés le vuide de mon cœur.

Miss MOLLY.

Que vous avés peu d'idée de mon état, ma Bonne, lorfque vous me dites d'élever mon cœur à Dieu toutes les fois que l'idée du Baron fe préfentera à mon efprit ! Ah ! cette image chérie l'occupe fans interruption ! Il faudroit pour vous obéir que je priaffe fans relâche.

Madem. BONNE.

C'eft bien là mon intention, ma chère ; priés fans relâche, & à châque moment vous vous trouverés de nouvelles forces. Je fuis obligée de vous quitter pour une heure : je vais vous laiffer avec nos deux amies ;

amies ; je me flatte de vous retrouver toute autre à mon retour.

DERNIE'RE CONVERSATION
de Madem. BONNE & de Miſs MOLLY.

Miſs MOLLY.

Ah ! ma Bonne, vous m'avés abandonné bien long-tems ; vous ne deviés être qu'une heure, & vous en avés paſſé plus de quatre.

Madem. BONNE.

Auſſi ai-je bien fait de l'ouvrage depuis que je ne vous ai vûe. Mais, avant toute choſe, dites-moi, ma chère : avés-vous été fidéle à ce que j'avois exigé de vous ? Comment va le courage ?

Miſs MOLLY.

Je vous l'avouerai, ma Bonne ; Dieu me fait bien de graces. Mon cœur eſt toûjours déchiré ; cependant, j'entrevois qu'il pourra devenir plus tranquille. A méſure que je prie Dieu de remplir mon cœur, il me ſemble qu'il m'exauce. Par exemple, j'aime toûjours le Baron ; mais

le

le mépris qu'il m'infpire, prend de tels accroiffemens dans mon efprit, qu'il faudra néceffairement que ce mépris tue mon amour.

Madem. BONNE.

N'en doutés pas, ma chère amie; les nouvelles preuves que je vous apporte de la baffeffe de fon âme, vont hâter votre guérifon.

Mifs MOLLY.

Ah de grace, ma Bonne! ne me dites rien; mon cœur accablé ne pourroit en fupporter d'avantage... Cependant... mais comment avés-vous pû avoir des nouvelles du Baron? En vérité, je ne fais ce que je veux. Dites-moi tout, ma Bonne: je ne puis être après tout plus malheureufe que je ne le fuis à préfent; je n'ai rien à rifquer.

Madem. BONNE.

Je vous apporte une lettre du Baron, ma chére; elle vous en dira plus que je ne pourrois le faire.

Mifs

Miss MOLLY.

Juste ciel! une lettre du Baron....
n'importe, il faut la lire... Mes yeux
font aveuglés par mes larmes; ayés la
charité de lire tout haut, ma Bonne.

Madem. BONNE *lit.*

Mademoiselle,

 "C'est avec confusion que je vous fais
" l'aveu de mes crimes. Vous avés crû
" voir en moi un homme de qualité;
" je vous trompois: je fuis un misérable
" avanturier, fans honneur & fans nom,
" qui à l'aide du jeu ait trouvé le moyen
" de me faufiler dans le monde. Je cours
" de royaume en royaume pour trouver
" des dupes, & j'ai déjà perdu plusieurs
" filles de qualité qui ont quitté la mai-
" fon de leurs parens pour me fuivre, &
" que j'ai bientôt abandonnées à la plus
" affreufe mifére dans des païs étrangers.
" Je quitte à ce moment l'Angleterre, &
" j'y laiffe une jeune Hollandoife qui a
" eu la foibleffe de croire mes fermens,
" & dont je voulois que la beauté me fer-
" vît de refource: elle a conçûe pour moi
" la plus jufte horreur, & eft actuelle-
" ment

« ment réduite par ma faute à une ex-
« trême misére, comme vous pouvés
« vous en aſſûrer par vous-même. Au
« reſte, il n'eſt pas vrai que la Dame
« dont je vous ai parlé, m'ait offert ſa main,
« & c'eſt une calomnie de ma part d'avoir
« voulû vous le perſuader."

Miſs MOLLY.

Ah! ma Bonne, je me meurs! Mon-
trés-moi cette fatale lettre.... Hélas!..
c'eſt ſon écriture..... Cependant... je
vous demande pardon, ma Bonne, il n'eſt
pas naturel qu'il m'ait écrit ceci.... On
l'a forcé; on le force de ſortir du royaume: il y a là deſſous un myſtére que je
ne conçois pas.... Je ne vous ſoupçonne
pas d'un mauvais procédé; cependant,
ma Bonne, j'ai beſoin de ſavoir ce que
tout cela ſignifie: je ne ſuis pas auſſi dupe
qu'on pourroit ſe l'imaginer, non, aſſûrement! Je veux voir le Baron; je veux
ſavoir ce qui l'a porté à m'écrire une ſi
étrange lettre. A l'égard de la jeune
Hollandoiſe, qu'elle reſte où elle eſt, il
n'eſt pas difficile de ſtiler une jeune créature à dire tout ce qu'on voudra: elle ne
m'en impoſera pas.

Madem.

Madem. BONNE.

A quoi vous emporte votre paſſion, ma chère amie ? Plûtôt que de ſoupçonner la probité d'un homme qui s'eſt fait connoître par les actions les plus baſſes, vous oſés m'accuſer d'une fauſſeté, d'un complot. Qu'avés-vous pû trouver dans ma conduite paſſée qui puiſſe autoriſer de pareils ſoupçons ? Eſt-ce là le fruit amèr que je devois recueillir de mon zéle & des ſoins que je vous ai donnés ? Eh bien, ingrate ! livrés-vous à une paſſion déshonorante ! Augmentés le nombre des victimes de la perfidie du monſtre dont vous êtes comme enſorcelée : la plus horrible infamie en ſera le fruit. Mais je l'ignorerai ; votre ingratitude me donne le coup de la mort. Adieu, Madame ! vous pouvés ſuivre votre amant ; je vous laiſſe en liberté d'obéïr à votre penchant. Mes mains ſeront nettes au jour du jugement de la perte de votre âme.

Miſs MOLLY *arrêtant Madem* BONNE *qui veut ſortir.*

Ah ! n'ayés pas la cruauté de m'abandonner ! Je ſuis coupable à votre égard, je je l'avoue : cependant, mon cœur eſt innocent ; il déſavoue mes iujuſtes ſoupçons. Suis-je à moi-même en ce moment terrible..... C'en eſt fait, ma chère amie : je m'abandonne à votre conduite ; je ne veux plus rien ſavoir, je ne veux plus entendre prononcer le nom de ce monſtre. Me voilà guérie ! oui, je ſuis actuëllement guérie : le voile eſt tombé ; je le verrois actuëllement à mes pieds ſans en être émûe, malgré toutes les graces de ſa figure, malgré tout le ſéduiſant de ſon eſprit, malgré ce charme inexprimable repandu dans toute ſa perſonne.

Madem. BONNE.

Vous ne voulés rien ſavoir, ma chère, & moi, je veux vous inſtruire ; je veux lever juſqu'au l'ombre des ſoupçons que vous avés conçûs.

Avant de me rendre chés vous ce matin, j'ai chargé un ami dont je ſuis ſûre, de prendre les obſervations les plus exactes ſur cet avanturier, & enſuite de parcourir les maiſons où l'on prête ſur gage, pour découvrir votre collier. Mon ami a bientôt ſû que ce prétendu Baron étoit venu de Hollande avec une fort jolie

jolie femme qu'il nommoit son épouse, & qui l'avoit quitté depuis quelques mois. On lui a indiqué le grénier où cette infortunée s'étoit retirée, & il l'a trouvé dans l'état le plus déplorable. Elle gagne quatre sols par jour à faire de la blonde de soye noire, & depuis deux mois elle vit de son travail : elle est presque nuë, son séducteur ayant vendu ses habits piéce à piéce. Elle est fille unique d'un riche marchand, & elle a emporté de grosses sommes en quittant la maison paternelle. Le faux Baron ayant tout dissipé, n'a pas craint de la vendre à un Lord pour deux cens guinées ; & lui a offert de l'épouser si elle vouloit tenir cet infame marché ; mais la jeune Hollandoise instruite par cette derniére action du caractère odieux de son indigne amant, a refusé avec une égale horreur & sa proposition & sa main : elle l'a quitté sur le champ, & a préféré la pauvreté la plus grande à la honte de continuer à vivre avec lui.

Voilà, ma chère, les découvertes que mon ami m'a communiquées lorsque je suis sortie : il avoit aussi trouvé vos bijoux qui n'ont pas été mis en gage, mais qui ont été vendus. Je vous avoue, ma bonne amie, que tout mon sang s'est glacé

glacé dans mes veines en apprenant de tels crimes : je me suis représentée ma chère *Molly* dans un païs étranger réduite à devenir la plus infame de toutes les créatures, ou à vivre dans un grénier comme la pauvre jeune Hollandoise. Mon ami en me conduisant chés-elle, a fait monter mon horreur pour le perfide à son dernier période. J'ai crû que tout m'étoit permis pour vous arracher au malheur dont vous étiés ménacée, & dans cette vûë, mon ami a porté une plainte contre le faux Baron à raison du vol qu'il vous a fait en vendant vos bijoux. Nous avons été le trouver munis de cette piéce qui nous donnoit droit de l'arrêter. A peine, lui avons-nous déclaré le sujet de notre visite, qu'il est tombé à nos pieds ; & sa conscience lui reprochant des crimes sans nombre, il nous a conjuré de ne le pas perdre, & s'est offert à faire tout ce que nous exigerions. Comme vous n'étiés pas nommée dans l'ordre de l'arrêter, comme vous pouvés bien le penser, & que nos habits simples & notre carrosse de place, ne lui ont fourni aucune idée de personnes de qualité, il a crû que nous agissions pour la fille d'un marchand de la cité dont il a tiré de grosses sommes, &

qui

qui devoit être compagne de votre fuite fous le nom de la sœur de ce perfide. Nous l'avons laiſſé s'accuſer lui-même de toutes ces perfidies. Après quoi, mon ami lui a dit qu'il n'avoit qu'un moyen d'échapper à la juſtice ; c'étoit d'écrire & de ſigner la confeſſion qu'il venoit de faire, de vous écrire auſſi le billet que je vous ai apporté, d'en faire un ſemblable pour la jeune citiſaine : moyennant quoi il lui a donné vingt quatre heures pour ſortir de Londres, & trois jours pour s'embarquer ; lui jurant qu'après ce terme il le feroit arrêter ſans miſéricorde. Cet homme étoit ſi effrayé, que nous avons lieu de le croire plus coupable encore que nous ne le penſions d'abord. Il nous a juré de partir ſur le champ, & nous l'avons laiſſé pour revenir ici ; mais lorſque j'étois prête à rentrer, une inſpiration ſoudaine m'a forcée à retourner chés la jeune Hollandoiſe. Cette fille m'avoit touchée par les ſentimens de pénitence que j'avois remarqué en elle, & je craignois que ſon ſéducteur n'eſſayât de la ſéduire une ſeconde fois pour l'engager à le ſuivre. Je ſuis donc retournée chés cette infortunée avec mon ami, & en approchant de la porte

porte de son grénier, j'ai connû combien ma précaution avoit été sage. Le faux Baron étoit à ses pieds, & tâchoit de lui exprimer son repentir dans les termes les plus persuasifs; il avoit alternativement le ton de l'amour, du regret & du désespoir. Quelle a été ma joye, de trouver cette jeune héroïne également insensible aux différens rôles que jouoit cet habile comédien ! Elle l'a ménacé de la colére du ciel, avec un ton si pénétré, qu'il doit être absolument abandonné de Dieu puisqu'il n'y a pas été sensible. Le fourbe sentant l'inutilité de ses artifices, est entré dans une sorte de fureur, & je ne sais, si la vie de cette jeune personne n'eût pas été en danger, si nous eussions différé plus long-tems à frapper à la porte. Notre aspect l'a confondû, sans pourtant lui ôter le sang froid; il m'a poussé avec une telle violence qu'il m'a jetté par terre, & pendant que mon ami accouroit à mon secours, il s'est précipité dans l'escalier & s'est sauvé. Je n'étois point blessée, & j'ai ri de son artifice. La jeune Hollandoise à mes genoux m'a nommé sa libératrice, & m'a conjuré de ne la point laisser dans un lieu où elle avoit sujet de craindre une violence. Je l'ai prise dans notre

Tom. III. F carrosse

carrosse où je l'ai laissée jusqu'à ce que j'eusse obtenu de Mylady la permission de disposer de mon cabinet pour cette nuit. Je me suis hâtée de la faire coucher, pour vous venir rendre compte de ma conduite.

Miss MOLLY.

Comment, ma Bonne, cette pauvre malheureuse est ici ? Ah ! je brûle du désir de la voir !

Madem. BONNE.

Ce seroit une imprudence, ma chère amie. Il n'est pas à propos qu'elle connoisse votre situation, & vous êtes trop agitée, pour lui cacher l'intérêt que vous prenés à son perfide.

Miss MOLLY.

Vous me faites une injustice, ma Bonne; mais j'ai perdu le droit de m'en plaindre : mon indigne attachement doit me faire soupçonner capable des plus grands excès. Il en est un pourtant que je n'aurai plus à me reprocher : c'est celui de prendre aucun intérêt à l'abominable homme que vous venés de me dévoiler. Que de

graces

graces n'ai-je point à rendre à mon créateur ! Que de miracles il a faits pour m'arracher le funeste bandeau que j'avois mis moi-même sur mes yeux ! Oui, ma Bonne, c'étoit en résistant aux lumiéres les plus vives, aux remords les plus cuisans, que j'étois tombée dans l'abîme dont sa main toute-puissante vient de m'enlèver comme malgré moi. Que ne vous dois-je pas, à vous dont il s'est servi pour me sauver ? à ma chère Lady *Spirituelle* qui m'a toûjours soûtenue par ses bons conseils ? Que serois-je devenue, si les principes d'une bonne éducation ne m'avoient retenus comme malgré moi ? Que serois-je devenue, si j'avois donné ma confiance à une amie moins vertueuse ? Ah ! ma Bonne, conduisés-moi aux pieds de Lady *Spirituelle*. Vous êtes excédée de fatigue, je le vois ; mais il faut achever votre ouvrage : je ne puis trop tôt accorder à mon amie la satisfaction de me voir revenue dans mon bon sens.

Madem. BONNE.

J'y consens de bon cœur, ma chère, après quoi nous irons prendre un peu de repos. J'ai cédé le lit que vous deviés occuper, à notre pauvre Hollandoise ;

ainsi, ma chère, vous partagerés le mien pour cette nuit. Demain matin j'aurai soin de la mettre dans un lieu de sûreté, & je prendrai de bonnes mésures pour la réconcilier avec ses parens.

ONZIÉME JOURNÉE.

Madem. BONNE.

IL y a bien long-tems, Mesdames, que nous n'avons rien répété du Saint Evangile ; nous commencerons par-là la leçon d'aujourd'hui.

Lady VIOLENTE.

Jésus voyant une multitude de peuple, monta sur une montagne où il s'assit ; & ses disciples s'étant approchés de lui, il ouvrit la bouche, & les enseignoit en disant : Bienheureux les pauvres d'esprit, parceque le royaume du ciel est à eux. Bienheureux ceux qui sont doux, parcequ'ils posséderont la terre. Bienheureux ceux qui pleurent, parcequ'ils seront consolés. Bienheureux ceux qui sont altérés & affamés de la justice, parcequ'ils seront rassasiés. Bienheureux ceux qui sont misériféricordieux, parcequ'ils obtiendront eux-mêmes miféricorde. Bienheureux ceux qui ont le cœur pur, parcequ'ils verront Dieu. Bienheureux les pacifiques, parcequ'ils feront appellés les enfans de Dieu. Bienheureux ceux qui fouffrent perfécution pour la juftice, parceque le royaume du ciel eft à eux. Vous ferés bienheureux lorfque les hommes vous haïront, lorfqu'ils vous perfécuteront, lorfqu'ils vous traiteront ignominieufement à caufe du fils de l'homme. Soyés ravis de joye en ce jour-là, parcequ'une grande récompenfe vous attend dans le ciel.

Mais malheur à vous riches, parceque vous avés votre confolation dans ce monde.

Malheur à vous qui êtes raffafiés, parceque vous aurés faim.

Malheur à vous qui riés maintenant, parceque vous ferés réduits aux pleurs & aux larmes.

Malheur à vous lorfque les hommes diront du bien de vous, car c'eft ce que leurs pères faifoient à l'égard des faux prophétes.

Madem. BONNE.

Je vous le répéterai encore une fois, mille fois même : pour être chrétienne, il

F 3 faut

faut croire tout ce que vous venés d'entendre. Sondons notre cœur, Mesdames, & voyons avec douleur & confusion combien nous sommes éloignées de l'esprit du christianisme.

Lady VIOLENTE.

Et comment pouvoir nous flatter d'y parvenir, ma Bonne ? Vous offrés, ou plûtôt Jésus nous offre comme des biens, des choses pour lesquelles nous avons & nous aurons toûjours horreur. Il est contre notre nature d'aimer la pauvreté, la souffrance & le mépris. Il est dans notre nature d'aimer les commodités de la vie que les richesses procurent, d'aimer à être honoré, d'abhorrer les peines autant que nous recherchons les plaisirs. Voyés-vous, ma Bonne : je suis d'un tel caractère, que je puis me flatter de n'avoir qu'une idole ; c'est mon orgueil. Je me soucie de la bonne chére, des beaux habits, & de tout ce que les personnes de mon âge aiment, comme de la paille ; cependant, je n'aimerois pas le contraire de ces choses dont je ne me soucie point. Il en est de la pauvreté & des autres biens Evangéliques comme d'une médecine :
son

son seul nom révolte; & je crois que si vous me donniés des noix confites que j'aime beaucoup, en qualité de purgatif, je ferois mille grimaces avant de les avaler.

Madem. BONNE.

C'est ici le triomphe de Jésus-Christ, Mesdames, & l'opprobre de la philosophie. Cette dernière nous découvre le néant des plaisirs, des richesses & des honneurs; mais en éclairant notre esprit, elle n'échauffe pas notre cœur. Elle nous laisse dans toute notre foiblesse & notre impuissance. La grace de Jésus-Christ au contraire, nous élève au dessus de la nature: elle fait un miracle plus grand selon moi que ne seroit la résurrection d'un mort. Je l'ai vû ce miracle. Madame *du Plessis* aimoit tous ces biens de l'Evangile avec une passion incroyable. Elle étoit affamée d'humiliation & de souffrances, comme un avare l'est de l'or.

Lady LOUISE.

Pardon, ma Bonne, si je vous fais une objection. Souffrir les mépris, la pauvreté & les souffrances lorsque Dieu nous les envoye, c'eſt ſans doute une vertu; mais les aimer, les ſouhaiter, les rechercher, comme vous dites que le faiſoit cette Dame, c'eſt un excès, & je vous aſſûre qu'on ſe mocqueroit d'elle & de vous parmi les gens ſenſés, parmi ceux-mêmes qui ont de la piété, de la religion, mais qui ſe tenant dans de juſtes bornes, croyent qu'il eſt dangéreux en toutes choſes de donner dans les excès.

Madem. BONNE.

Ces gens ſenſés, ces perſonnes qui ont de la piété & de la religion, doivent avant de ſe mocquer de moi & de Madame *du Pleſſis*, ſe mocquer de Jéſus Chriſt. C'eſt lui, Meſdames, qui nous a donné le mauvais exemple des excès qu'on nous reproche. C'eſt lui qui n'a pas ſû ſe contenir dans de juſtes bornes; & pour répondre à ces perſonnes de bon ſens, je vais vous rapporter un paſſage de l'Evangile.

Jéſus Chriſt étant ſeul avec *Pierre*, *Jacques* & *Jean*, leur parla de ſa mort & des humiliations qui devoient la précéder. *Pierre* qui étoit un de ces hommes ſenſés qui n'aiment pas les excès, tira Jéſus à l'écart, & *le reprit* de ce qu'il tenoit de

pareils

pareils discours. Alors, ce Jésus qui étoit la douceur même, entre en une sainte colére, & dit à cet apôtre : *retire-toi, Satan! tu me scandalises.* Jésus qui n'a jamais reproché à *Pierre* le crime qu'il a commis en le reniant trois fois ; Jésus qui a souffert avec tant de patience les défauts, la grossiéreté des autres apôtres, ne peut souffrir l'horreur que St. *Pierre* montre pour la folie de la croix comme disoient les Payens. Il l'appelle diable, & le chasse comme un tentateur. Voilà ce que j'ai à répondre aux sages du monde : *Retire-toi, Satan ! tu me scandalises.*

Lady LOUISE.

C'est à moi que ces paroles s'adressent, & je ne m'en offense pas. Cependant, il faut que j'en revienne à mon objection : cette matiére est d'une telle importance, que je ne veux rien négliger pour savoir à quoi m'en tenir. Je suis convenue que c'étoit un devoir de se soûmettre aux maux que Dieu nous envoye. Jésus ne pouvoit manquer à ce devoir. Son père l'avoit destiné à souffrir la mort de la croix: il se soûmet à ce décret de son père. Ceci est dans la proposition que j'ai avancée.

Mais Jésus-Christ se soûmettoit aux souffrances, & ne les désiroit pas ; il ne les cherchoit pas même, & se contentoit de les attendre patiemment. D'ailleurs, le prix qui étoit attaché à ses souffrances, pouvoit fort bien les lui rendre chères. Il connoissoit l'horreur du péché qui est un crime de léze-majesté divine : il pouvoit brûler du désir de réparer la gloire de son père que le péché s'étoit efforcé de détruire, quoiqu'il l'eût tenté en vain. Que de motifs pour Jésus qui nous manquent, à nous viles créatures dont toutes les souffrances sont comme un néant aux yeux de l'Etre immense !

Madem. BONNE.

Comme l'amour propre se déguise sous le voile de l'humilité ! Il faut répondre à toutes vos objections, Madame. Jésus-Christ n'a pas été forcé à souffrir ; c'est volontairement qu'il s'est livré à la mort, & à la mort de la croix. Jésus-Christ étant Dieu, donnoit un mérite infini à chacune de ses actions & souffrances : il pouvoit nous racheter à moins de frais. La justice de Dieu eût été satisfaite par une seule des satisfactions de Jésus, car tout ce qui est

est infini, satisfait d'une satisfaction infinie; mais son amour pour nous, son zéle pour la gloire de son père, lui a fait choisir la satisfaction la plus parfaite, la plus complette. Il vouloit que nous connûssions par l'excès de ses souffrances, l'excès de l'énormité du péché. Non seulement, il s'étoit soûmis volontairement à ses souffrances; mais il souhaitoit avec ardeur de les voir accomplir en lui. *J'ai désiré ardemment de manger cette Pâque avec vous*, dit-il à ses apôtres en parlant de celle qui devoit précéder sa mort. Vous me dites, Lady *Louise*, que le fruit de sa mort & passion étoit un grand encouragement à souhaiter les souffrances, & vous avés raison; mais vous avés tort quand vous ajoûtés que ce motif vous manque. Ecoutés ce que disoit à cet égard cette sainte Dame dont je vous raconte l'histoire. Elle fit une retraite pendant la semaine sainte, & une personne à qui elle confioit ses plus sécrettes pensées, la pria de les écrire, sous prétexte de n'avoir pas le tems de l'entendre. Voici ce qu'on a trouvé dans cet écrit après sa mort.

' Je me suis proposée pour fin de cette
' retraite, de demander à Dieu l'horreur
' du péché. Pour m'y exciter, j'ai médité

« sur la passion & les souffrances de mon
« adorable Sauveur. Tout d'un coup il
« m'est venu une vive pensée, que c'étoient
« moins les Juifs qui avoient crucifié Jésus
« que moi-même. C'est pour réparer mes
« crimes que Jésus a été flagellé, couronné
« d'épines, attaché à la croix. A l'instant,
« je me suis trouvée saisie d'horreur pour
« moi-même. Oui, c'est moi qui suis
« l'auteur des maux que mon Sauveur en-
« dure : je suis une parricide, une déicide.
« Alors, je ne savois où me cacher devant la
« face de mon Dieu ; & si le sein de la terre
« eût été un asyle inaccessible à sa vûe, je
« crois que je m'y serois précipitée si cela
« eût été en mon pouvoir. J'étois dans la
« chapelle, un mouvement machinal m'a
« fait sortir de ma place pour me mettre à
« la porte. Il me sembloit que j'étois in-
« digne d'occuper une place parmi les créa-
« tures. Je sentois vivement, que si elles
« savoient combien j'avois offensé leur
« créateur, elles se souléveroient contre
« moi. J'ai repassé dans mon esprit toutes
« les occasions dans lesquelles les créatures
« m'ont rendu justice en me méprisant ; &
« j'ai vû avec douleur qu'au lieu de me la
« rendre à moi-même, & d'avouer qu'en
« qualité d'ennemie de Dieu & de meur-
« triére

« triére de Jésus-Christ j'en mérite d'avan-
« tage, je me révolte contre l'humiliation
« & la souffrance. J'ai demandé instam-
« ment à Dieu, par les mérites de Jésus,
« la force de me rendre justice. Il me
« semble qu'il me l'a accordée ; je ne vois
« plus en moi qu'une péchéresse digne des
« plus grands mépris & des plus grandes
« souffrances. Je sens qu'il est juste que
« le péché soit puni dans ce corps de péché ;
« je l'abandonne à la justice de mon Dieu :
« s'il a la bonté de le punir en ce monde,
« je me rejouirai dans la pensée qu'il veut
« me faire miséricorde dans l'autre. Je me
« dirai à moi-même, comme le bon lar-
« ron le disoit à son compagnon : nous
« sommes des méchans qui souffrent juste-
« ment des peines que nous avons méritées ;
« mais celui-ci est innocent. Oh, mon
« Dieu ! si vous punissés ainsi le péché dans
« celui qui est vôtre fils unique ; si vous
« traités ainsi le bois verd, que sera-ce de
« moi qui suis le bois sec ? Frappés, Sei-
« gneur ! ne m'épargnés pas en cette vie :
« faites-moi la grace d'en employer tous
« les instans à me haïr comme péchéresse,
« à me mépriser comme péchéresse, à me
« punir comme péchéresse. Ce titre hon-
« teux me rendra supportable tous les au-
« tres

‘ tres titres. Que les hommes me traitent
‘ de méchante ; ils ont raison : je n'ai pas
‘ sujet de m'en plaindre, puisque je le suis
‘ en effet beaucoup plus qu'ils ne peuvent
‘ le croire. S'ils disent que je suis folle,
‘ ils ont bien raison, puisque j'ai été assés
‘ insensée pour préférer leurs applaudisse-
‘ mens & leurs maximes à celles que Jésus-
‘ Christ m'avoit données dans l'Evangile.
‘ S'ils me maltraitent, je les regarderai
‘ comme des instrumens de la bonté de
‘ Dieu à mon égard, & je prierai pour eux
‘ en considération des moyens qu'ils me
‘ fournissent de faire justice à Dieu d'une
‘ créature de péché. ”

Je demande à Lady *Louise :* 1) S'il n'est pas vrai que nous sommes criminelles aux yeux de Dieu, comme cette Dame le reconnoissoit ? 2) Si nous ne sommes pas persuadées que Dieu haït le crime, & le punit tôt ou tard ? 3) S'il a raison ainsi que la foi ne nous apprend pas qu'il est plus avantageux d'être punie de nos fautes dans le tems que dans l'éternité ? 4) Si l'esprit de justice & d'amour de Dieu en nous montrant en nous une créature rébelle à Dieu, ne nous porte pas à nous mépriser & à nous haïr, comme Jésus-Christ nous l'ordonne ?

Lady

Lady LOUISE.

Je tombe de nuës ; j'avois regardé jusqu'à présent ces pensées que j'avois trouvé dans quelques livres, comme des idées de Méthodistes, ou tout au plus comme des idées de perfection qui ne regardoient pas le commun des chrêtiens. Je vois cependant, qu'elles font l'essence du christianisme, & sont essentielles à l'esprit de pénitence. Quand je dis que je le vois, c'est mon esprit, mon cœur n'en est pas moins revolté. Ah ça, ma Bonne ! parlés-nous en conscience. Vous avés vécû avec Madame *du Plessis* : ces belles pensées qu'elle avoit dans sa retraite, les conservoit-elle dans l'usage journalier ? & s'il est vrai que ses actions étoient conséquentes à ces sentimens, comment étoit-elle parvenuë à un état que je ne suis pas capable de comprendre, loin de pouvoir y aspirer ?

Madem. BONNE.

Petit à petit, Mesdames ! par la fidélité à remplir les devoirs de son état ; par une soûmission sans bornes aux peines qu'il plût à Dieu de lui envoyer ; par une méditation journaliére des grandes maximes de l'Evangile ; par des priéres ferventes pour demander l'amour de ces maximes.

Miss

Miss SOPHIE.

Aſſûrement, ces diſpoſitions ſont admirables pour l'autre vie ; mais qu'elles doivent rendre celle-ci ennuyeuſe & triſte !

Madem. BONNE.

Quelle erreur ! Jamais je n'ai rien vû de ſi gai & de ſi égal que cette ſainte Dame. Au milieu de ce que la nature redoute le plus, ſon âme étoit dans une paix, dans une joye qui ſe répandoit ſur ſon viſage baigné de pleurs. Vous le comprendrés par le récit du reſte de ſa vie.

Madame *du Pleſſis* abſolument dégoûtée du monde par l'eſprit de la foi, y tenoit encore par le vieil homme dont parle St. *Paul.* Elle étoit d'autant plus à plaindre que le reſte du goût que l'amour propre lui inſpiroit pour le monde dont elle étoit admirée, s'offroit à ſes yeux ſous la forme du devoir. Son mari ſouhaitoit qu'elle fût dans les aſſemblées où il voyoit tout le monde envier ſon bonheur & applaudir à ſon choix. Madame *du Pleſſis* ſentoit bien qu'elle eût pû le dégager de cette foibleſſe, comme elle l'avoit corrigé de mille autres défauts ; mais ſa vanité l'empêchoit

de

des ADOLESCENTES. 137

de se servir à cet égard des moyens efficaces. Honteuse de sa foiblesse, elle s'adresse à Dieu, & le conjure de briser lui-même des liens qu'elle chérissoit encore ; elle fût exaucée, & à trente ans elle devint sourde, sans qu'on pût trouver aucun reméde à une maladie étrangére à sa famille, & qui n'avoit été annoncée par aucun des symptomes qui lui sont ordinaires. Elle se prêta de bonne grace à tous les remédes que son époux la pria d'essayer, courût toutes les eaux avec lui, & revint chés elle plus sourde que jamais. Il ne fût plus question alors de compagnie : elle en eut été le fleau ; & son époux consentit enfin qu'elle se donnât toute entiére à l'éducation de ses enfans. Le plus jeune fût attaqué d'une maladie mortelle : sa mère se fit sa garde, non en le regardant comme un enfant qui lui appartenoit, mais comme un ange que Dieu lui avoit donné en dépôt, qu'il lui redemandoit pour le placer dans la gloire. Ce fût sous ce point de vûë qu'elle le servit, qu'elle le vit expirer, & que les larmes qu'elle répandit à sa mort, fûrent autant de larmes de joye qu'elle donnoit au bonheur de ce fils, que de douleur pour la peine qu'elle avoit d'en être séparée. La mort de son époux suivit de près celle de

son

son fils. Madame *du Pleſſis* étoit parvenue à lui inſpirer une piété ſincére ; & ſurmontant courageuſement ſa propre foibleſſe, elle ne lui diſſimula point le danger de ſon état. Il reçût avec reconnoiſſance cette preuve qu'elle lui donnoit de ſon attachement pour lui, & la conjura de lui aider à ſe préparer à rendre compte à Dieu de ſes actions : elle ne l'abandonna pas un moment pendant une longue maladie, & reçût ſes derniers ſoupirs. Deux jours avant ſa mort, il lui témoigna la peine où il étoit de ne pouvoir reconnoître l'affection qu'elle lui avoit portée, parceque la coûtume de Normandie ne permet pas aux perſonnes mariées de teſter en faveur l'une de l'autre ; mais comme il avoit dans ſon bureau une ſomme conſidérable dont il étoit le maître, il lui donna ſes clefs pour qu'elle la mît à l'écart, voulant lui donner cette legére preuve de ſa reconnoiſſance. Madame *du Pleſſis* refuſa ce don, & le pria de laiſſer le quart de cette ſomme aux pauvres, & le reſte à ſes enfans.

Je ne vous ai point parlé de la douleur que cauſa à Madame *du Pleſſis* la mort de ſon fils & de ſon époux. En réfléchiſſant ſur le courage qu'elle eût de leur fermer les yeux après les avoir préparés à la mort, vous

vous la regardés peut-être comme une de ces personnes qui font consister la piété dans une indifférence qui approche de la dureté. Elle étoit bien éloignée d'une pareille erreur. Rien de plus tendre que cette sainte Dame. A l'amour naturel que la nature lui inspiroit pour son époux & pour ses enfans, se joignoit un attachement produit par des motifs surnaturels ; & les sentimens qui ont pour principe le devoir joint à l'inclination & à la nature, ont une force qu'il n'est pas possible de définir. Elle disoit elle-même qu'elle avoit conçû en voyant expirer son époux, quelle espéce de douleur l'âme doit ressentir en se séparant de son corps. Il me sembloit, dit-elle, qu'on m'arrachoit les entrailles avec violence. La seule soûmission à la volonté de Dieu modéra sa douleur, sans diminuer sa sensibilité. Mais ce n'étoit là que le prélude de ce qui lui restoit à souffrir. Dieu qui la vouloit absolument à lui, lui ôtât tout ce qui pouvoit l'attacher à la terre.

Le fils unique de Madame *du Plessis* étoit d'une beauté bien propre à flatter l'amour propre d'une mère. La petite vérole le défigura absolument, lui fit perdre un œil, & le laissa une année entiére en danger d'être aveugle. Il fallût pour lui éviter ce mal-

malheur que Madame *du Pleſſis* ſe priva de la compagnie de ce cher fils. Les médecins l'avoient abandonné : elle le confia à une Dame qui avoit une grande connoiſſance des maladies des yeux, & qui lui conſerva l'œil qui lui reſta.

C'eſt un ancien uſage en France de faire élever les Demoiſelles de qualité dans les convents. Madame *du Pleſſis* pour s'y conformer, confia ſes trois filles à la tante qui l'avoit élévée elle-même. Libre alors par l'abſence de ſes enfans, & par la retraite que lui impoſoit ſon veuvage, elle ſe donna toute entiére à la priére & à la méditation de l'Ecriture Sainte, qu'elle n'interrompoit que pour recevoir les viſites de quelques perſonnes pieuſes. Une de celles-là qui n'avoit ni naiſſance ni éducation, apperçût ſur le lit de Madame *du Pleſſis* un habit de damas. Eh, mon Dieu ! Madame, lui dit cette imprudente perſonne, ſeroit-il poſſible que cet habit fût pour vous ? Je ne l'aurois jamais imaginé. Un domeſtique qui entra, ne permit pas à Madame *du Pleſſis* de répondre ; mais auſſi-tôt qu'elle fût ſeule, elle réflêchit ſur ce qu'elle venoit d'entendre. Au lieu de penſer comme nous le ferions en pareil cas, que cette perſonne en lui parlant ſi librement,

lui

lui avoit manqué de respect, elle crût que Dieu lui avoit mis dans la bouche les paroles qu'elle lui avoit dites, pour la faire souvenir de celles de St. *Paul* qui semblent interdire la parure aux veuves chrêtiennes. Dans l'instant, l'habit fût enfermé, & depuis ce tems elle n'en a jamais porté que de simples ; encore ne se permit elle pas cette recherche que les dévotes n'ont que trop souvent dans la simplicité qu'elles affectent. Elle ne se fixa point aux couleurs brunes : elle ne quitta point les dentelles ; mais ingénieuse à se punir dans l'endroit où elle avoit le plus péché, elle sacrifia le discernement qu'elle avoit pour tout assortir : les couleurs les plus maussades, les choses qui n'étoient plus de mode, fûrent toûjours préférées ; ensorte, que ceux qui ne l'avoient pas connûe dans sa jeunesse, la citoient comme le modéle du mauvais goût.

Lady LUCIE.

Voilà ce me semble une action héroïque pour une femme. Il en coûte peu pour sacrifier la magnificence ; mais que n'en coûte-t-il pas pour sacrifier le goût ! Une robe de toile bien choisie me paroit préférable à un tissu d'or dont le dessein seroit mal conçû ou mal exécuté.

Madem.

Madem. BONNE.

Vous avés raiſon, ma chère ; l'amour de l'ajuſtement eſt le péché originel des femmes, & celui auquel elles renoncent le plus tard. En France, nos devotes de profeſſion ne portent que de la laine & du linge uni ; mais cette laine eſt ſi fine, ce linge uni ſi clair, ſi bien repaſſé, ſi bien arrangé, que la vanité y gagne, & telle femme qui ſeroit ridicule ajuſtée, paroit encore aimable dans cette ſimplicité qui ſemble lui rendre ſa fraîcheur. Madame *du Pleſſis* ſût ſe garantir de cet écueil, & ne voulût jamais rien afficher pas même l'habit des devotes ; enſorte, qu'on parvint à croire qu'elle ignoroit l'art de ſe bien mettre ſans ſoupçonner qu'il lui en coûtât rien pour être mauſſade.

Lady LOUISE.

Eſt-ce donc qu'il faut être habillée mauſſadement pour être pieuſe ?

Madem. BONNE.

Non, Madame. Je vous gronderois bien fort ſi vous négligiés votre ajuſtement, ſurtout quand vous êtes ſeule avec votre

votre époux : vous devés chercher à lui plaire ; c'est un devoir auquel Madame *du Plessis* fût fidéle pendant la vie de son mari. Cependant, comme elle avoit eu souvent envie de plaire en général, ce fût pour elle un motif raisonnable de chercher à détruire ce défaut, lorsqu'elle se vit dans un état qui la devoit séparer du grand monde. Nous verrons dans la premiére leçon, comment elle employa ce tems qu'elle ôtât à la société, ou plûtôt quelle société elle substitua à celle qu'elle avoit eue jusqu'alors. Lády *Sensée*, dites-nous quelque chose de l'histoire Romaine.

Lady SENSÉE.

Les Romains ne fûrent pas long-tems sans reconnoître la sagesse des conseils d'*Apius*. La multitude fiére de la victoire qu'elle avoit remportée sur le Sénat, sûre de trouver dans la suite l'impunité sous la protection de ses Tribuns ; la multitude, dis-je, commença à faire voir ce qu'on devoit attendre de gens qui avoient secoué le joug de l'autorité légitime. C'étoit dans le tems où l'on devoit ensemencer les terres, que les Romains s'étoient retirés sur le mont sacré : les campagnes par conséquent
démeu-

démeurèrent en friche, & Rome fût affligée d'une famine qui étoit le juste châtiment de la sédition. Cependant, les sénateurs n'en eurent pas moins d'empressement à faire venir des bleds qui n'arrivant pas assez tôt, donnèrent occasion aux Tribuns du peuple d'accuser les Patriciens du retardement de ce secours. Les Volsques profitant de la malheureuse circonstance où Rome se trouvoit alors, lui déclarèrent la guerre, & la république se trouva réduite à la dernière extrêmité. Mais, Mesdames, avant de vous raconter ce qui arriva alors, je dois vous faire connoître *Coriolan* qui va jouer un grand rôle dans notre histoire.

Marcius qui fût depuis nommé *Coriolan*, étoit fils de *Véturie*. Cette Dame étant restée veuve peu de tems après son mariage, prit résolution de se consacrer toute entière à l'éducation de son fils : heureuse, si ses talens pour cet important emploi eûssent répondu à sa bonne volonté.... Ah ma Bonne, je m'oublie : tout le monde a regardé jusqu'ici *Véturie* comme une Dame parfaite ; moi-même, j'ai beaucoup de respect pour elle. Cependant, j'ai la hardiesse de l'accuser d'avoir manqué des talens nécessaires pour bien élever son fils.

Je

Je l'ai dit parceque je le sens ; mais je sens encore mieux qu'il ne me seroit pas possible de justifier mon sentiment.

Miss CHAMPETRE.

Effectivement, Madame, il seroit difficile de me persuader que *Véturie* ait manqué des talens nécessaires pour l'éducation de son fils. Ne lui inspira-t-elle pas une valeur qui a immortalisé son nom ? *Marcius*, n'avoit-il pas l'âme la plus noble & la plus désintéressée ? Vit-on jamais un jeune homme pousser plus loin la haine du vice & l'amour de la vertu ?

Madem. BONNE.

Vous me regardés, Lady *Sensée* ; vous semblés me demander du secours contre une adversaire aussi redoutable : je vais tâcher de parer les coups qu'elle nous porte. Je dis nous, Miss *Champêtre*, car je suis de l'avis de Lady *Sensée*.

L'éducation, Mesdames, renferme deux points tres-importans : la culture des bonnes dispositions des enfans ; la destruction de leurs défauts. Remarqués, s'il vous plaît, que ce dernier point est le plus difficile. Il est aisé de faire pratiquer aux jeunes

jeunes gens les vertus pour lesquelles ils ont du penchant ; mais qu'il est difficile de les arracher à leur passion dominante ! Il faut pour cela s'attacher à la bien connoître, ensuite répéter cent fois par jour & de cent maniéres différentes, les inconvéniens de cette passion, & faire ensorte que ces inconvéniens leur causent toûjours quelque chagrin. Il faut une vigilance perpétuelle pour découvrir tous les artifices que les enfans employent pour la satisfaire, & une fermeté à toute épreuve pour la combattre sans cesse. Je vais vous rendre ceci sensible par un exemple, en supposant que j'aye un enfant du caractère de *Marcius*.

Son coeur étoit droit ; mais son esprit étoit infléxible. Il aimoit sincérement la justice, & n'eût pas voulû s'en écarter par aucune considération. Cette disposition est, sans doute, une vertu ; cependant, si elle n'est pas accompagnée d'un discernement bien juste, elle peut produire les plus grands maux. Un homme d'un pareil caractère se fait des idées de justice souvent très-fausses, & soûtient avec une opiniâtreté insupportable tout ce qu'il regarde comme tel : il croiroit devenir criminel en pliant, en cédant quelque chose aux autres. La

flatterie

flatterie lui paroit une bassesse ; donc il devient dur, & pousse la sincérité jusqu'à l'imprudence. Il sait que nous ne devons pas nous proposer l'estime des hommes pour l'unique fin de nos actions, qu'il faut s'exposer à en être blâmé en bien d'occasions pour mériter de n'être pas blâmable : donc il s'éléve au dessus de l'opinion des hommes, traite de bassesse les ménagemens dont on use à leur égard, brave leur censure. Que ferois-je avec un *Marcius* s'il tomboit sous ma main ?

Je le mettrois en société avec des enfans de son âge, & je le forcerois à leur céder à propos & hors de propos,

Lady SENSE'E.

Comment, ma Bonne ! vous voudriés obliger un enfant à céder lors même que ceux avec lequel il disputeroit, auroient tort ? & que deviendroit sa raison ? Vous parviendriés selon moi à en faire un automate. Qu'il céde quand il a tort, à la bonne heure ; mais n'exigés rien de plus : la raison s'y oppose.

Madem. BONNE.

Vous confondés ce que j'ai l'honneur de vous dire, Madame. S'efforcer de perfuader à un enfant qu'il a tort quand il a raifon, c'eft vouloir éteindre fes lumiéres naturelles, & comme vous l'avés fort bien remarqué, en faire un automate; mais convaincre un enfant de fon penchant à l'opiniâtreté, lui faire fentir que ce défaut troublera tout le bonheur de fa vie, & qu'en conféquence, le plus grand bien qui puiffe lui arriver, eft de plier fon caractère altier : c'eft ce que j'exige, & ce que je confeillerai toûjours à un enfant. Je lui dirai : cédés lorfque vous avés tort, parceque cela eft jufte ; cédés lorfque vous avés raifon, parceque cela feul eft capable de corriger votre opiniâtreté, parcequ'il pourra arriver mille fois que vous croirés avoir raifon, & que cependant vous aurés tort. Pour perfuader à cet enfant la vérité de ce que je lui dirai, je lui tendrois fouvent des piéges en lui propofant des chofes qui auroient une raifon apparente, & qui cependant feroient mauvaifes ou ridicules en les examinant à fond, & après qu'il auroit été la dupe de fes lumiéres, j'en prendrois droit de lui faire comprendre combien peu il doit s'y fier. Enfin, pour derniére reffource, source, si je ne pouvois parvenir à l'engager de bonne grace à détruire son opiniâtreté, je la detruirois malgré lui en le contredisant en tout, en le forçant de céder à tout le monde.

Miss SOPHIE.

J'en demande bien pardon à ma Bonne ; mais je pense que cette derniére méthode ne seroit bonne qu'à le jetter dans le désespoir, & à le rendre bien méchant : du moins sais-je bien que cela auroit produit cet effet sur moi.

Madem. BONNE.

Dites-moi, ma chère, si vous aviés un enfant qui montrât une inclination décidée pour le vol, qui prit tout ce qui se pourroit trouver sous sa main chés vous & hors de chés vous ; si vous aviés inutilement employé la douceur, la raison & les motifs de religion pour le corriger : n'en viendriés-vous pas aux moyens violens, & négligeriés-vous de fouëtter votre enfant jusqu'au sang à châque vol qu'il feroit ?

Miss SOPHIE.

Non, assûrement ! ma Bonne ; la rigueur est nécessaire en pareil cas pour déraciner par la crainte une habitude honteuse, & empêcher un malheureux enfant de déshonorer une famille.

Madem. BONNE.

C'eſt-à-dire, que vous feriés par la crainte du déshonneur, ce que vous ne voudriés pas faire par la crainte de voir damné votre enfant. Croyés-moi, Meſdames, un enfant ſur lequel la raiſon eſt impuiſſante, a beſoin d'être forcé : l'habitude a un grand pouvoir ſur nous, & quand une fois elle eſt formée, la raiſon ſe prête volontiers à une choſe qui ne lui coûte guére. La raiſon au contraire eſt ſouvent impuiſſante contre un défaut enraciné par des actes réïtérés. Je vous aſſûre que je connois actuellement une Dame qui ſe fait aimer de tout le monde par ſa douceur. Elle m'a avoué qu'elle étoit née très-violente ; mais la providence l'avoit fait naître d'une mère bizarre, capricieuſe, emportée, qui la querelloit à propos de tout, & qui s'en prenoit à elle lorſqu'il faiſoit de la pluye, & qu'elle ſouhaitoit du beau tems. Elle a vécû avec cette agréable mère juſqu'à l'âge de trente ans, & ſes paſſions en ont été tellement

mattées

mattées qu'elle ne les sent plus, & n'a nulle difficulté à se prêter aux volontés des autres. J'avoue qu'il est bien triste d'être forcé à employer la rigueur avec les enfans ; mais les caractères qui en ont besoin, sont bien rares, & je n'en ai jamais trouvé qu'une dans ma vie sur laquelle la raison n'ait pas été suffisante. Je suis persuadée que *Coriolan* n'eût pas eû besoin de rigueur pour être corrigé. Il avoit trop d'esprit pour ne pas sentir tous les maux dans lesquels la violence de son caractère pouvoit l'entraîner : il ne le corrigea pas. Lady *Sensée* peut donc penser que *Véturie*, mère de grand homme, négligea de le plier de bonne heure, & que par conséquent, elle ne savoit pas que la bonne éducation consiste à détruire dès l'enfance les défauts dominans. Continués l'histoire de *Coriolan*, ma chère.

Lady SENSE'E.

Les Romains assiégeant la ville de Coriole, les Volsques à qui cette ville appartenoit, demandèrent du secours à un peuple voisin. A l'approche de ce secours, le Consul qui avoit la direction du siége, prit une partie des troupes pour aller au
devant

devant de l'ennemi, & laissa le reste devant la ville. Les habitans fiers du petit nombre des ennemis qui leur restoit & du secours qui approchoit, ouvrent leurs portes, se jettent sur les Romains, & les mettent en déroute. Le jeune *Marcius* reste seul intrepide au milieu de ce danger ; il fait tête à l'ennemi, rappelle les fuyards, les rallie autour de lui, fait passer son courage jusques dans leurs cœurs, & ayant repoussé les ennemis, les Romains entrent pêle & mêle dans la ville avec les assiégés, & s'en rendent les maîtres. *Marcius* victorieux ne se reposa point sur ses lauriers : après avoir pourvû à la sûreté de sa conquête, il marcha au secours du Consul *Posthumius*, & lui procura la victoire au péril de sa vie. *Marcius* sembloit avoir obscurci la gloire de son Général....

Madem. BONNE.

Que vous en semble, Lady *Violente* ? Restoit-il quelque moyen à *Posthumius* d'avoir part à l'honneur de cette journée ?

Lady VIOLENTE.

Ah, ma Bonne ! vous allés devenir aisée à tromper ; vous perdés la mémoire : je ne veux pourtant pas abuser de
votre

votre perte pour vous rien voler. Vous m'avés dit en me racontant ce trait quand j'étois fort jeune, que *Posthumius* en dépit de la fortune, s'immortalisa dans cette journée.

Miss BELOTTE.

Comment cela se peut-il faire ? C'est *Marcius* qui fit tout.

Lady VIOLENTE.

Marcius se rendit maître de la ville de Coriole, & vainquit les alliés des Volsques. *Posthumius* se rendit maître de lui-même, & vainquit sa jalousie en rendant publiquement justice à la valeur de *Marcius*, & en cherchant à relever son mérite. Il le prit par la main, le montra à toute l'armée, & après lui avoir donné toutes les louanges que méritoit sa valeur, lui offrit un cheval de bataille orné comme celui d'un Général, la dixiéme partie du butin, & dix prisonniers à son choix.

Madem. BONNE.

Vous n'avés pas voulû me tromper, ma chère ; il est juste aussi que je n'abuse pas de votre erreur. J'avoue que ma mémoire est bien diminuée ; mais il m'en restoit assés pour me souvenir que je vous avois faite cette leçon autrefois. Je voulois voir si vous ne l'aviés pas oubliée ; peut-être aussi voulois-je tâter votre amour propre, & savoir si vous auriés la bonne foi de *Posthumius* qui rendit à *Marcius* ce qu'il crût lui devoir. Oui, Mesdames, à mes yeux & à ceux de tous ceux qui ont étudié le cœur humain, l'action du Consul l'emporte de beaucoup sur celle de *Marcius*. Il est plus aisé de gagner une bataille que de se vaincre soi-même ; & la bonne grace avec laquelle *Posthumius* rendit justice à son inférieur, indique l'ame la plus noble & la plus généreuse, une âme au dessus des louanges & de toutes les petitesses que la vanité n'inspire que trop souvent à ceux qui sont en place. Lady *Spirituelle*, dites-nous, comment se comporta *Marcius* après la victoire.

Lady SPIRITUELLE.

Je crois qu'il agit avec une prudence & un désintéressement qui lui fit autant d'honneur que son courage. Il y auroit
eû

eû de la grossiéreté & de l'orgueil à refuser tous les présens de son Général ; ainsi il accepta le cheval de bataille & un des prisonniers qui avoit été son hôte & son ami. Il refusa modestement le reste de la récompense, & charma tellement les soldats par cette générosité qu'ils voulurent immortaliser sa gloire en le nommant *Coriolan*, nom qu'il a toûjours porté depuis.

Miss SOPHIE.

Est-ce que *Coriolan* auroit malfait de refuser tous les présens de son Général ? On dit qu'il montra de la générosité en refusant une partie : la générosité est une vertu ; peut-on trop pratiquer la vertu ? & ne vaudroit-il pas mieux la pratiquer absolument qu'en partie ?

Madem. BONNE.

Voilà justement ce que je disois il n'y a qu'un moment. Il est aisé de faire appercevoir aux jeunes personnes combien elles doivent se défier de leurs lumiéres, & combien il leur est aisé de se tromper. La vertu consiste dans un juste milieu qu'on ne peut abandonner sans en faire trop ou trop peu. Miss *Sophie* fait un raisonnement spécieux, & dit : si la générosité est une vertu, il faut la pratiquer aussi pleinement qu'il est possible de le faire ; & ce qu'elle dit de la générosité, on peut l'appliquer à toutes les autres vertus. Mais il faut faire une réflexion : c'est que les vertus ont leurs bornes au delà desquelles elles ne sont plus vertus parcequ'elles changent de nature aussi-tôt qu'elles ont passé ce point. Expliquons ceci par des exemples.

La générosité, dites-vous, est une vertu ; donc on ne peut être trop généreux. Eh bien ! Lady *Louise*, vous êtes actuellement votre maîtresse : hâtés-vous de nous faire à toutes des présens ; faites en à toutes vos amies. Quand vous aurés dépensé tout votre argent à cela, donnés-nous vos bijoux, vos habits ; tourmentés votre mari pour en arracher châque jour de nouvelles sommes, afin d'être de jour en jour plus généreuse. Si votre Roi, votre père, une Princesse vouloit vous faire un présent, gardés-vous de le recevoir, car il est plus généreux de donner que de prendre. Etes-vous disposée, Madame, à suivre mes conseils ?

Lady

Lady LOUISE.

Non, aſſûrement ! ma Bonne : ſi je donnois au delà de mes forces, je ſerois prodigue ; ſi je refuſois d'une perſonne ſupérieure, je ſerois impertinente, & je lui manquerois de reſpect.

Madem. BONNE.

Concevés-vous, Miſs *Sophie*, que la généroſité a des bornes, & qu'on ne peut les paſſer ſans devenir prodigue ; que le déſintéreſſement pouſſé juſqu'à l'excès, devient orgueil ; que refuſer d'une perſonne ſupérieure, c'eſt lui dire qu'on ſe croit au deſſus de ſes dons ? Donner eſt un acte ou de ſupériorité, ou d'amitié, ou de compaſſion. Le ſupérieur qui fait un préſent à ſon inférieur, lui donne une preuve de ſon eſtime qu'il ſeroit inſolent de refuſer. J'avoue qu'on eſt humilié de recevoir ; mais cette humiliation qui nait de l'amour propre plûtôt que de la grandeur d'âme, eſt un hommage que l'on rend aux grands, & on ne peut le leur refuſer ſans les bleſſer. *Coriolan* n'eût garde de vouloir s'égaler à ſon Général en refuſant tous ſes bienfaits ; il lui montra ſon reſpect en acceptant la plus petite partie

tie de ce qu'il lui offroit, & mit ensuite en pratique le désintéressement, en refusant le reste comme trop au dessus de ce qu'il avoit fait. Miss *Belotte*, ne se souvient-elle pas d'un trait d'histoire propre à nous faire comprendre qu'un orgueilleux ne veut rien recevoir de personne ?

Miss BELOTTE.

Ne seroit-ce point l'histoire de *Diogéne* ? Je vais la raconter à ces Dames.

Diogéne étoit un vilain, crasseux philosophe qui vouloit à quelque prix que ce fût l'emporter sur tous les hommes. Ne pouvant y parvenir par ses vertus, il entreprit de se distinguer en parlant & en agissant d'une maniére particuliére. Sa maison étoit un tonneau, car il disoit que la vie de l'homme étoit trop courte pour se donner la peine d'édifier une autre demeure. *Alexandre* voulût voir cet animal extraordinaire, & il fût le trouver accompagné de toute sa cour. *Diogéne* étoit assis contre terre, & se chauffoit au soleil; car vous sentés bien, Mesdames, que dans son tonneau il n'avoit ni chaise ni chéminée. Vous croyés peut-être que cet original se leva pour saluer *Alexandre*; point

point du tout : il ne daigna pas même le regarder. *Alexandre* après l'avoir considéré quelque tems, lui dit : *Diogéne*, demandés-moi une grace, & je vous l'accorderai. Otés-vous de devant mon foleil ! lui répondit cet impertinent. Vous ne pouvés me le donner ; ne m'en privés pas. *Alexandre* qui fe connoiffoit en orgueil, dit à fes courtifans : fi je n'étois pas *Alexandre*, je voudrois être *Diogéne*.

Mifs CHAMPETRE.

Il faut que je vous faffe un aveu, ma Bonne. J'ai toûjours admiré cette réponfe de *Diogéne* ; il me fembloit qu'elle étoit d'une grande âme.

Madem. BONNE.

Nouvelle occafion de vous prouver combien aifément on peut apprendre aux jeunes perfonnes à fe défier de leurs lumiéres en leur en montrant la fauffeté. *Alexandre* n'étoit point bienfaifant en offrant une grace à *Diogéne*, & celui-ci ne fût pas défintéreffé en la refufant. Le Roi de Macédoine piqué au vif de l'impudence du prétendu philofophe, n'avoit qu'un moyen honnête de lui faire fentir la fupériorité

riorité qu'il avoit sur lui. Il s'en servit en rappellant à *Diogéne* qu'il étoit en état de lui donner quelque chose qui lui manquoit; mais l'orgueil d'*Alexandre* étoit trop foible pour lutter contre celui de *Diogéne* qui vouloit lui dire par sa réponse : tu est bien présomptueux de croire pouvoir m'abaisser à reconnoître que j'aye besoin de toi. Ce prétendu désintéressement n'étoit donc qu'un orgueil insupportable. *Socrate* lui eût dit : Ah! Seigneur, quel mal vous ai-je fait pour vouloir faire souvenir à ma cupidité qu'elle est en droit de former des désirs? ou si l'offre d'*Alexandre* fût venu dans un certain tems, il lui auroit demandé un manteau, & n'auroit pas rougi de l'accepter. Ma chère Miss *Belotte*, ce n'étoit pas là le trait d'histoire que je vous demandois : je pensois à *Fabricius*; mais celui que vous nous avés rapporté, est venu fort à propos, & l'autre viendra en son lieu. Lady *Sensée*, continués l'histoire de *Coriolan*.

Lady SENSEÉ.

Vous vous souvenés, Mesdames, que la retraite du peuple sur le mont sacré avoit occasionné une grande famine; que le Sénat

nat n'avoit rien épargné pour diminuer la disette en faisant venir des bleds, & que cependant les Tribuns furent assés injustes pour accuser les riches & les Patriciens, non seulement de ce retardement, mais encore de cacher les bleds pour faire périr le peuple. Dans cette extrêmité, le Sénat proposa de mener une armée contre les ennemis, parceque les soldats vivroient de pillage, & déchargeroient d'autant la ville. Les Tribuns dégoûtèrent encore le peuple de cette expédition; & comme on ne voulût pas user d'autorité, il n'y eût qu'un petit nombre d'hommes qui prirent les armes. *Coriolan* s'étant mis à leur tête, ils trouvèrent des vivres en abondance, & revinrent chargés de butin, ce qui mortifia beaucoup ceux qui avoient crû les Tribuns. L'abondance que *Coriolan* avoit procuré à ceux qui l'avoient suivi, fût un crime que les Tribuns ne lui pardonnèrent pas, & ils trouvèrent bientôt l'occasion de s'en venger.

La naissance de *Coriolan*, ses vertus, les services qu'il avoit rendus à la république, sembloient lui donner un droit incontestable au Consulat, & effectivement, le peuple disoit hautement qu'on ne pouvoit le lui refuser sans injustice. Il se mit donc au nombre des candidats, & se présenta à l'as-

sem-

semblée accompagné d'une foule de Patriciens & de Cliens disposés à lui donner leurs voix. Les Tribuns firent remarquer ce cortége au peuple ; par leurs discours captieux, ils réussirent à faire changer les dispositions de la multitude : l'envie prit la place de l'estime, & ce fût-elle qui exclût du Consulat un homme qui n'avoit d'autre défaut que d'en être digne. Ici, Mesdames, la vertu de *Coriolan* commença à se démentir : au lieu d'être supérieur à cette injustice, il en prit droit de vouer une haine éternelle au Tribunat, & de l'attaquer jusqu'à ce qu'il l'eût aboli.

Lady LUCIE.

Vous en parlés bien à votre aise, ma chère Lady *Sensée* ; je dois être neutre dans cette dispute : je vous jure pourtant, que si je tenois les Tribuns du peuple, je leur donnerois de bon cœur vingt soufflets. J'en demande pardon à Miss *Champêtre* ; mais je cherche partout cette liberté qu'elle nous avoit promis de nous faire voir chés les Romains, & je ne trouve partout qu'un affreux esclavage. Ces Tribuns, ou plûtôt ces démons, ne se soucioient non plus du bien de la république que je ne m'embarrasse

de

de la prospérité du grand Mogol; ils vouloient abaisser les Patriciens pour s'élever sur leur ruine : voilà tout, & je décide que s'il y avoit une liberté à Rome, c'étoit celle de s'élever contre les loix, le bon sens & la justice.

Madem. BONNE.

Tranquillisés-vous, ma chère, & réservés votre indignation pour ce qui va suivre. Ces attentats des Tribuns ne sont que leurs essais ; vous en verrés bien d'autres.

Miss CHAMPETRE.

Il ne faut pas que la sotte vanité de me dédire, me retienne. Je vous assûre, Lady *Lucie*, que vous pourriés souffletter les Tribuns en ma présence sans que je les défendisse ; je connois à présent tout l'odieux de leur conduite.

Madem. BONNE.

Il faut, ma chère, que nos erreurs passées servent à nous empêcher d'être par la suite les victimes du préjugé. Dites-moi si vous le pouvés ce qui vous avoit empêchée de voir jusqu'à présent ce que vous appercevés aujourd'hui.

Miss

Miss CHAMPETRE.

Je ne sais, si je pourrai bien rendre ce que je sens; je ferai pourtant tout ce qui dépendra de moi pour l'expliquer.

Je m'apperçois depuis quelque tems que j'ai la mauvaise coûtume de ne pas regarder un objet de tous les côtés, avant d'en porter un jugement: je l'envisage par un coin, pour ainsi dire. Je vais rendre ceci sensible par une comparaison.

Voici une tapisserie dans cette chambre, & cette tapisserie est couverte de plusieurs tableaux. Au dessous de ce grand tableau qui est dans le milieu, je vois une jambe entiére & le bout d'un bras: je dis, l'ouvrier qui a fait cette tapisserie, est un âne. A-t-on jamais peint une jambe & un bras qui ne tiennent pas à un corps? cela est ridicule.

Miss FRANCISQUE.

Madame, j'ai vû la tapisserie avant que les tableaux fussent placés, & je vous assûre qu'il y a sous ce grand tableau un corps à qui cette jambe & ce bras appartiennent; c'est parceque vous ne voyés pas la tapisserie toute entiére, que vous trouvés l'ouvrier ridicule.

Miss CHAMPETRE.

Je vous remercie, ma chère Miss *Francisque*; je vois bien que j'avois tort de juger d'une tapisserie que je ne voyois pas toute entiére. Eh bien! ma Bonne, ce que j'ai supposé par rapport à cette tapisserie, m'arrive tous les jours. J'ai été frappée en lisant l'histoire Romaine de la cruauté des riches Patriciens à l'égard des pauvres Plébéïens. Cette cruauté a fixé mes vûës, & a fait naître chés moi de l'horreur pour les grands, de la pitié pour le peuple. Tout ce que j'ai lû par la suite, je l'ai rapporté à ces deux sentimens. Je n'ai point examiné si ce que demandoient ou faisoient les Patriciens, étoit juste ou injuste, mais seulement si le refus de ces choses humilioit des hommes durs & cruels que je voulois voir punis: il ne m'est pas même venû dans l'esprit que ces Plébéïens, mes favoris, pûssent jamais abuser de leur autorité; je n'ai point réflêchi que les abus de l'autorité lorsqu'elle est entre les mains du peuple, doivent être plus dangéreux que ceux de l'autorité entre les mains des riches, à qui communement la naissance & l'éducation donnent des lumiéres qui manquent aux autres.

Ma-

Madem. BONNE.

Ce défaut que vous avés fort bien défini, Madame, est beaucoup plus commun que vous ne le pensés, surtout dans votre païs. La prévention, ou si vous voulés le préjugé, est le péché originel des Anglois. Tout ce qu'ils ont de lumiéres, de talens & de vertus, sont gâtés par cet endroit. J'ai vû des personnes de mérite déraisonner jusqu'à me faire suër à grosses gouttes sans pouvoir espérer de leur ouvrir les yeux sur les extravagances qu'elles soûtenoient. Elles ne voyoient les choses dont il étoit question que par un coin, & les jugeoient en conséquence, sans qu'il fût possible de détourner leur attention du point où elle s'étoit fixée. Pour éviter ce défaut, Mesdames, soyons lentes à juger, & encore plus à examiner, afin de pouvoir porter des jugemens sûrs. Adieu, Mesdames! je serai deux sémaines sans vous voir : c'est me priver d'un des plus sensibles plaisirs de ma vie ; mais il faut préférer ses devoirs à ses plaisirs.

DOU-

DOUZIÉME JOURNÉE.
CONVERSATION PARTICULIÉRE.

Madem. BONNE. *Lady* SPIRITUELLE.
Miss MOLLY.

Madem. BONNE.

POint d'abatement, ma chère Miss *Molly !* Les regrets que le St. Esprit nous inspire de nos fautes, sont amèrs ; mais ils sont paisibles : le trouble est toûjours l'enfant de l'orgueil. Vous me voyés toute joyeuse. Je viens de recevoir une lettre du père de notre pauvre Hollandoise : cet honnête homme est dans la situation du père de l'enfant prodigue ; il pardonne à sa fille, & lui rend dans son cœur une place qu'elle n'avoit que trop méritée de perdre. Il me conjure de continuer à la consoler, jusqu'à ce qu'il vienne lui-même la reprendre, & consulter avec moi les moyens les plus convénables de continuer à cacher ses égaremens.

Lady

Lady SPIRITUELLE.

Je vous avoue, ma Bonne, que j'ai le plus violent désir de connoître cette fille. Elle a été bien criminelle à la vérité; mais son repentir & son courage me pénétrent de respect pour elle.

Madem. BONNE.

Je suis bien aise, ma chère, de vous voir éloignée de ce zéle pharisaïque qui confond le pécheur avec le péché. Mais la charité doit s'accorder avec la prudence; il ne vous convient pas de connoître une personne dont les mœurs ont été déréglées: d'ailleurs, à quel titre paroîtroit-elle devant vous? N'y auroit-il pas de la cruauté à l'exposer à votre curiosité? Croyés-vous qu'elle ne démêleroit pas dans vos regards attentifs, jusqu'à quel point vous êtes instruite de ses malheurs? Ménageons cette infortunée, & gardons-nous d'augmenter ses peines en l'exposant à rougir à nos yeux. Cependant, comme l'histoire de ses égaremens renferme les plus utiles leçons, je lui ai demandé la permission d'en faire usage en lui promettant de cacher son nom. Voici Lady *Sensée*; je n'attendois qu'elle pour vous raconter cette histoire.

His-

Histoire d'Henriette.

Henriette est fille unique d'un marchand extrêmement riche. Elle eût malheureusement pour mère une de ces femmes indolentes qui se persuadent qu'une santé délicate leur donne droit de négliger les devoirs les plus essentiels. Cette fille étant unique, fût toûjours l'idole de ses parens ; & comme sa mère ne vouloit pas prendre la peine de l'élever elle-même, elle s'empressa de lui chercher une gouvernante. Comme on destinoit *Henriette* à épouser un homme de qualité, on eût grand soin de choisir une personne qui pût effacer en elle jusqu'aux vestiges d'une naissance roturière. On prit donc une femme à grands airs. On s'informa soigneusement si elle savoit très-bien le François, & ce fût le seul article qu'on daigna approfondir. Elle étoit en Hollande depuis peu de tems : elle avoit, disoit-elle, quitté la France, & même un convent où elle avoit été élévée, par une inspiration du St. Esprit qui lui avoit fait connoître la fausseté de la religion de ses pères. Elle avoit fait abjuration en arrivant en Hollande, & depuis trois mois qu'elle y étoit. Son hôte, le ministre qui l'avoit instruite, assûroient qu'elle étoit de bon-

bonnes mœurs. C'étoit plus qu'il n'en falloit pour les parens d'*Henriette*. Mademoiselle *Benoit* (c'étoit le nom de cette gouvernante,) fût reçûe avec confiance. On lui recommenda d'élever son éléve en fille de qualité, & surtout de ne la point contraindre. L'amitié d'*Henriette*, si elle pouvoit l'acquerir, seroit l'assûrance d'une bonne pension pour le reste de sa vie.

Mademoiselle *Benoit* soûscrivit aveuglement à cette derniére condition. En cherchant une place, elle s'étoit proposée de s'assûrer du pain : les progrès de son éléve dans la morale n'avoient pas été comptés parmi les choses dont on devoit lui tenir compte ; aussi n'en fut-il jamais question. *Henriette* étoit naturellement bonne : elle joignoit à beaucoup d'esprit une grande vivacité & un coeur extrêmement tendre. Il ne faut donc pas s'étonner si elle s'attacha prodigieusement à une femme dont l'unique application étoit d'étudier ses goûts pour la satisfaire. La gouvernante aimoit beaucoup les romans. *Henriette* ne tarda pas à les dévorer. Les conversations rouloient ordinairement sur ce que l'on avoit lû ; tout conspiroit donc à nourrir chés cette fille infortunée, le désir d'aimer & d'être aimée : elle attendoit avec impatience

ence le moment heureux où elle devoit rencontre le mortel destiné à lui plaire. Les spectacles, les promenades, les bals, les assemblées sont les lieux où se nouent ordinairement les intrigues; & comme Mademoiselle *Benoit*, quoiqu'elle eût passé trente ans, se croyoit encore en état d'inspirer de l'amour, elle y conduisoit son éléve le plus souvent qu'il lui étoit possible. Vous remarquerés, s'il vous plaît, Mesdames, que cette gouvernante étoit sage, selon l'idée qu'on attache dans le monde à ce terme: elle eût été au désespoir de voir faire à *Henriette* quelque chose de contraire à la vertu, ou pour parler plus juste, à ce qu'elle croyoit la vertu; malheureusement, ses idées à cet égard étoient fausses. Elle croyoit qu'on pouvoit sans blesser son devoir, s'occuper de ses charmes, ne rien oublier pour les relever par la parure, chercher à plaire, aimer même pourvûqu'on s'en tint aux seuls sentimens du coeur, à un amour platonique. Une telle personne est mille fois plus pernicieuse auprès d'une jeune fille qu'une femme déréglée dont les maximes revolteroient un coeur innocent.

Cependant, les parens d'*Henriette* regardoient leur gouvernante comme la huitiéme

tiéme merveille du monde ; elle n'ouvroit la bouche en leur préfence que pour faire l'éloge de leur fille : c'étoit une perfonne toute parfaite chés laquelle la nature avoit fait tout ce qu'on pouvoit attendre de l'éducation. Cette conduite la leur faifoit regarder comme une femme qui avoit le difcernement exquis, & leur confiance en elle étoit fans bornes.

Cependant, le moment fatal approchoit où *Henriette* alloit apprendre qu'une vertu de tempérament, & qui n'eft pas fondée fur la réligion, eft un verre fragile ; elle alloit être convaincûe que celles qui n'ont pas foin de mettre une garde fûre à leur coeur, ne peuvent compter fur leur fageffe. Elle avoit été priée d'un bal où fa mère qui ne pouvoit veiller, l'envoya avec Mademoifelle *Benoit*. *Henriette* y vit le faux Baron & fe crût frappée à fa vûë de ce trait inévitable lancé par la fympathie. Le Baron qui étoit inftruit de fes grands biens, de fon caractère & de celui de fa gouvernante, joua l'éblouïffement à fa première vûë. Il répéta mot à mot les fcénes dont les romans modernes offrent des modéles, pendant qu'un homme de fon efpéce, & qui lui étoit dévoué, s'efforçoit de perfuader à la *Benoit* la paffion la plus vive. La nuit

nuit parût courte à nos deux pauvres dupes : elles se retirèrent toutes occupées de leur avanture ; & comme elles avoient comme par hasard appris aux deux étrangers le lieu où elles se promenoient tous les jours, elles ne doutèrent pas de les y trouver le lendemain. Elles ne fûrent pas trompées dans leur attente : on se promena, & la *Benoit* qui ne vouloit rien perdre des discours tendres de son nouvel amant, permit à son éléve de marcher quelques pas devant elle avec le Baron. Les rendés-vous fûrent multipliés ; enfin, dans le dernier le Baron joua le rôle d'amant timide, n'osa parler que des yeux, & laissa échapper parmi les regards de tendresse, des soupirs qui paroissoient plus les enfans du chagrin que de l'amour. *Henriette* fût mille fois tentée de lui demander le sujet de sa tristesse ; mais la crainte d'une déclaration trop prompte, pour être dans la régle du bon roman, la retint.

Cependant, l'ami du Baron qui se faisoit appeller Comte, n'avoit pas été si circonspect avec la *Benoit*. Il lui avoit avoué qu'il l'adoroit, qu'il étoit résolû de mettre à ses pieds une fortune considérable ; mais qu'il se voyoit forcé de différer à un autre tems l'accomplissement d'un dessein qui pouvoit seul le rendre heureux : l'amitié,

lui

lui dit-il avec un désespoir feint, me force à m'arracher à l'amour. Un pareil discours ne pouvoit qu'alarmer la *Benoit* & exciter sa curiosité : elle pressa le Comte de lui ouvrir son coeur, & ce fourbe feignant de ne pouvoir lui rien refuser, lui fit cette fausse confidence.

Le Baron & moi, lui dit-il, sommes liés dès l'enfance de l'amitié la plus étroite, & je sens que la mort seule peut en rompre les noeuds. Sorti du sang le plus illustre, la fortune de mon ami ne répond point à sa naissance, & ses parens dès sa jeunesse lui ont ménagé une ressource, en le faisant entrer dans l'ordre Teutonique. La raison seule a fait soûscrire mon ami aux engagemens que sa famille a pris pour lui ; il se proposoit de repasser incessamment en Allemagne pour s'engager irrévocablement : la vûë de la belle *Henriette* a renversé toutes ses résolutions. Vainement lui ai-je remontré l'inutilité de sa passion. Les parens de celle qu'il adore, ne consentiront jamais à l'unir à un homme sans fortune ; il ne peut donc qu'être malheureux s'il s'abandonne au penchant de son coeur. Il ne me reste qu'une ressource pour lui, c'est de l'arracher de ses cieux, de le forcer à me suivre en Allemagne,

magne, & de ne l'abandonner qu'au moment où des voeux le forceront à renoncer à toute espérance. Vous voyes, Mademoiselle, ajoûta le faux Comte, que l'honneur ne me permet pas d'abandonner mon ami dans une occasion si dangéreuse. Il faut que je vous quitte, & ce qui met le comble à mon désespoir, c'est que je ne puis me promettre de vous revoir avant six mois qui me paroîtront six siécles ; mais si vous daignés partager mon amour, je jure de revenir aussi-tôt que mon ami se sera fixé, & de vous faire dans ma patrie un sort digne de vous.

La *Benoit* frémit en apprenant la résolution du Comte. Mille accidens pouvoient déranger un établissement dont elle étoit éblouie. Quelque bonne opinion qu'elle eût de ses charmes, elle craignoit tout d'une si longue absence : un nouvel objet, un retour sur ce qu'il devoit à la noblesse de son sang, pouvoient lui faire perdre le Comte. Elle resta quelque tems rêveuse, puis reprenant la parole, elle dit à son amant : j'avoue que les parens *d'Henriette* ont l'âme intéressée ; cependant, la haute naissance du Baron pourroit les éblouir. J'ai quelque pouvoir sur leur esprit, & si vous consentés. . . .

Ah !

Ah ! gardés-vous de leur laisser pénétrer nos sentimens, dit le Comte en l'interrompant ; quand même la différence des religions ne seroit pas un obstacle invincible à leur consentement, je ne pourrois me flatter d'obtenir l'aveu du père du Baron : fier de sa noblesse, tout l'or du Pérou ne pourroit l'engager à une mésalliance. Je vous le répéte, la fuite est le seul reméde que je doive tenter pour sauver mon ami. Je vais employer tout le pouvoir que j'ai sur son esprit pour l'engager à partir dans deux jours ; & si vous voulés vous trouver demain à l'opéra, je vous y dirai un adieu qui sera bien cruel pour moi, mais qu'il ne m'est pas possible de retarder plus longtems.

La *Benoit* auroit peut-être dès cet instant proposé le honteux projet d'un enlévement ; mais quelques personnes de sa connoissance ayant parû à la promenade, elle fût forcée de quitter les deux avanturiers qui ne doutèrent plus du succès de leurs artifices.

A peine *Henriette* & sa gouvernante se dirent-elles un mot pendant le chemin. Si la *Benoit* étoit occupée de la crainte de perdre son amant, *Henriette* ne l'étoit pas moins de la tristesse qu'elle avoit crû démêler

ler sur le visage du Baron. La *Benoit* en lui répétant la conversation qu'elle avoit eûe avec le Comte, la pénétra de douleur, & lui expliqua la cause de la tristesse de son amant. Elle passa les premiers momens à accuser la fortune qui lui avoit refusé un sang avec lequel le Baron pût s'allier sans honte ; ensuite, elle se disoit à elle-même que son amant l'aimeroit bien peu, s'il cédoit aux instances de son ami. Quelques momens après, elle se rappelloit l'extrêmité où il seroit réduite, si l'amour l'emportoit sur la raison. La *Benoit* la laissa long-tems livrée à elle-même, & lorsqu'elle la vit épuisée par les mouvemens contraires qui l'avoient agitée tour-à-tour, elle lui dit qu'elle ne voyoit qu'un reméde à ses maux, mais qu'il falloit du courage pour le mettre en pratique. *Henriette* l'ayant pressée de parler, elle lui dit :

Il est certain, Mademoiselle, que le Baron vous adore ; le Comte m'a fait entendre qu'il cherchoit depuis trois mois l'occasion de vous déclarer ses sentimens. Son amour auquel il est déterminé à sacrifier sa fortune, n'a point été soûtenû par l'espoir. L'orgueil de ses parens, l'avarice des vôtres font des obstacles invincibles à son union avec vous, si vous êtes résolûe à ne vous donner que de leur confentement ; il faut donc vous réfoudre à le laiffer partir & à l'oublier, ou à vous donner à lui fans attendre un aveu dont après tout vous pouvés vous paffer l'un & l'autre.

Quelque paffionnée que fût *Henriette*, elle frémit à cette propofition ; mais fa foible vertu ne pût la foûtenir contre le danger de perdre fon amant, & encouragée par fon indigne gouvernante, elle la laiffa maîtreffe de fa conduite. La *Benoit* annonça le foir au Comte que fon éléve étoit prête à faire tout ce qu'il croiroit le plus propre à fauver fon ami ; que cette jeune perfonne lui avoit avoué qu'elle aimoit paffionnement le Baron, & qu'elle malheureufe avec tout autre époux, fût-il un Prince. Je n'ai pas eû le courage, ajoûta la *Benoit*, de la jetter dans le défefpoir en combattant inutilement une paffion infurmontable ; & pourvûque votre ami lui donne fa foi en ma préfence & en la vôtre, elle le fuivra partout en qualité d'époufe. Pour vous, mon cher Comte, qui ne dépendés que de vous-même, je ne crois pas que vous remettiés à un autre tems ce que vous avés deffein de faire en ma faveur : nous pouvons nous unir ici, & fuivre enfuite nos jeunes époux. Le

faux

faux Comte parût transporté de joye à cette proposition : il n'entretint la *Benoit* que de la vie heureuse qu'il se promettoit de passer avec elle, des agrémens qu'il se proposoit de lui procurer ; mais après s'être livré sans mésure à ses transports, il parût tout à coup comme frappé d'une réflexion subite, & dit à la *Benoit* : Helas ! ma Reine, je n'ai d'abord été occupé que de la ravissante pensée d'être à vous ; l'excès de ma joye sembloit avoir anéantis tous les obstacles qui pouvoient retarder ma félicité. Momens heureux ! faut-il que la cruelle raison vienne vous troubler ?

Que signifie ce discours ? reprit la *Benoit* toute troublée ; au moment où ma tendresse pour vous écarte les obstacles qui paroissoient insurmontables, vous avés de nouvelles difficultés à m'opposer ?

Ecoutés, ma chère ; ma sincérité à votre égard va vous prouver la réalité de mon attachement. Je vous ai dit que j'étois riche, & que je pouvois vous faire un établissement avantageux, & certainement, je ne vous ai pas trompé : cependant, vous le pouves être si vous concevés qu'un homme riche en Allemagne le soit en Hollande. En vivant dans mon païs, je puis y entretenir un équipage & un nombreux domestique avec mon revenu qui suffiroit à peine pour me
faire

faire vivre ici en simple gentilhomme. Je ne vous cacherai pas même que mes voyages m'ont un peu dérangé, que je serai forcé de passer deux ou trois ans sur mes terres pour me mettre en état de paroître à la cour de mon Prince sur le même pied où j'y étois autrefois. Vous concevés par cette confession sincére que je suis hors d'état de mettre mon ami en situation de profiter de vos bontés & de celles d'*Henriette*; car je ne puis vous dissimuler que cette jeune personne ne seroit pas en sûreté sur mes terres. La famille du Baron est puissante: on traiteroit d'illusion son mariage avec *Henriette*, du moins se croiroit-on autorisé à le faire casser, parceque mon ami n'a pas l'âge fixé par les loix pour se marier sans le consentement de ses parens. Il faudroit donc qu'il pût se soûtenir jusqu'à cet âge avec honneur dans un païs étranger. J'employerois ce tems à faire revenir ses parens de leur ridicule entêtement; je peindrois les vertus, la beauté, les grands biens d'*Henriette*: peutêtre triompherois-je d'un vain phantôme; je ferois valoir surtout l'indissolubilité du mariage de mon ami lorsqu'il l'auroit réhabilité dans un âge convenable; que s'il ne m'étoit pas possible de le reconcilier

avec

avec ses parens, je pourrois me flatter d'apaiser ceux d'*Henriette* qui voyant ce qu'ils appelleroient un mal sans reméde, seroient forcés de s'y prêter. Mais encore une fois, tous ces projets tombent & s'évanouïssent faute de pouvoir donner au Baron le moyen de subsister honnêtement en Angleterre où il auroit dessein de conduire *Henriette*, si la fortune ennemie n'y mettoit un obstacle qu'il n'est pas en notre pouvoir de détruire.

Pendant ce long discours, la *Benoit* s'extasioit sur la probité d'un amant si honnête homme : à la vérité, elle avoit compté sur une fortune brillante, & il falloit rabattre de ses idées à cet égard ; mais cette fortune toute médiocre qu'elle eût parû en Hollande, étoit considérable en Allemagne : elle étoit préférable à la pension que sa fidélité pour les parens d'*Henriette* pouvoit lui assûrer, & d'ailleurs, elle seroit unie pour jamais à un amant qu'elle aimoit & dont elle étoit adorée ; à un amant qui s'étoit exposé à la perdre plûtôt que de la tromper ; à un homme enfin dont l'âme étoit si belle, qu'il ne pouvoit se résoudre à sacrifier le bonheur de son ami au sien propre. Elle entrevoyoit un moyen de faire disparoître le seul obstacle qui pouvoit

voit retarder son mariage ; cependant, comme il dépendoit d'*Henriette*, elle demanda jusqu'au lendemain pour répondre au discours du Comte.

Quelque amoureuse que fût la *Benoit*, elle n'avoit pas l'âme assés basse pour conseiller un vol à *Henriette* ; mais si cette jeune fille se déterminoit elle-même à prendre une partie du bien qui devoit lui appartenir un jour tout entier, elle se disoit à elle-même que cette action pouvoit être excusée par les circonstances où elle se trouvoit.

Lorsqu'elle fût seule avec *Henriette*, elle lui répéta mot pour mot la conversation qu'elle avoit eûe avec le Comte, sans ajoûter une seule parole qui pût l'exciter à prendre des mésures capables de faire réussir leur criminel dessein. Helas ! la foible *Henriette* n'avoit pas besoin d'être sollicitée : après avoir consenti au premier crime, voler son père, lui parût une bagatelle qui ne méritoit pas le plus petit scrupule. Elle se saisit d'un porte-feuille qui ne renfermoit heureusement que trois mille piéces en billets de banque, & la nuit suivante, ces deux abusées furent joindre les deux fourbes qui les attendoient. Le Baron à qui *Henriette* avoit remis le porte-feuille,

partagea

partagea les trois mille piéces avec son complice qui prit le chemin d'Allemagne avec la *Benoit*, & pour ne plus parler de cette malheureuse, le faux Comte mit une dose d'opium dans son vin lorsqu'ils fûrent à la derniére ville de la république, & l'abandonna dans une auberge, en lui enlèvant son argent & ses hardes. Cette femme apprit à son réveil le départ de son perfide, & comme on la croyoit mariée avec ce scélerat, on lui fit une quête, avec laquelle elle retourna en France où elle s'enferma dans une maison de pénitence d'où elle écrivit aux parens *d'Henriette* une confession de tous ses crimes.

J'ai oublié de vous dire, qu'*Henriette* en quittant la maison paternelle, avoit laissé une lettre pour son père. Elle lui demandoit mille pardons de la démarche que l'amour la forçoit de faire, lui disoit qu'elle alloit en France, & qu'il apprendroit bientôt qu'elle avoit fait une alliance au dessus de tout ce qu'elle pouvoit prétendre.

Un coup de foudre eût donné moins de frayeur à ce père infortuné, que ne lui en causa la lecture de cette fatale lettre. Il ne perdit pourtant pas le jugement dans une telle extrêmité. La femme de chambre

bre de sa fille avoit seule la connoissance de la fuite de sa maîtresse. Le père tombe à ses pieds, lui promet une fortune considérable pour prix de son silence, & ayant tiré d'elle le serment le plus sacré pour assûrer le secret qu'elle lui promettoit, lui propose de se rendre dans une maison de campagne qu'il avoit à quinze lieuës de-là, & de l'y attendre quelques jours. On fit venir à grand bruit un carrosse à quatre chevaux. Le marchand dit tout haut que sa fille, sa gouvernante & sa femme de chambre alloient à sa maison de campagne, & qu'il les suivroit à cheval. Il eût soin, pendant que le cocher arrangeoit quelques malles que la femme de chambre avoit remplies, d'envoyer tous les domestiques à diverses commissions, & fit partir la femme de chambre seule, après lui avoir remis cent louis d'or pour arres de ce qu'il lui avoit promis.

Pendant que ce père prudent dévoroit le désespoir auquel son âme étoit en proye, son épouse dormoit tranquillement sans se douter de la perte qu'elle venoit de faire. Le marchand monta dans sa chambre, & lui dit de l'air le plus tranquille en apparence, qu'il avoit commis une faute à son égard dont il espéroit le pardon. Il s'est
pré-

préfenté, lui dit-il, pour *Henriette* une occasion favorable de voir la France. Une Dame Angloife du premier rang me l'a demandée pour deux mois. J'ai craint votre tendreffe, ma chère : vous m'auriés peut-être empêché par vos larmes de tenir la parole que j'avois donnée ; & comme il y va de la fortune de notre enfant, j'ai crû devoir la faire partir fans vous en avertir. Alors, fans donner à fa femme le tems de lui faire des reproches, il forge à l'heure même un roman : cette Dame avoit un fils unique à qui elle fouhaitoit infpirer du goût pour *Henriette*, & par des raifons de famille, elle voulût que cela fût fécret.

La mère d'*Henriette* gronda, fe plaignit, pleura, s'apaifa enfuite, & promit à fon époux de paroître tranquille, & de dire que fa fille étoit allée à la campagne où elle alloit elle-même paffer quelques jours ; mais au lieu de lui faire prendre la route de cette maifon, le marchand la conduifit chés un ami auquel il ne pouvoit fe difpenfer de confier fon fécret. Ce fût là qu'il apprit à fon époufe la vérité de toute cette avanture, & qu'il la conjura de lui aider à dérober à toute la terre la mauvaife conduite de fa fille. Il pria fon ami de faire partir des exprès pour toutes les villes frontiéres

de

de France, avec des lettres adressées à tous les commandans des places pour les conjurer de faire mettre *Henriette* dans un lieu de sûreté; mais ces lettres ne partirent pas: le marchand apprit par hasard que sa fille s'étoit embarquée dans un vaisseau qui partoit pour l'Angleterre, & il se détermina à l'y suivre. Une maladie dangéreuse que le chagrin occasionna à son épouse, ne lui permit pas de l'abandonner, & les perquisitions exactes qu'il fit faire par toute l'Angleterre, ne lui ayant donné aucune lumiére sur le sort de sa fille, il se persuada que son ravisseur l'auroit conduite en Allemagne. De retour chés lui, il publia qu'*Henriette* étoit allée en France chés une de ses sœurs, & qu'elle y passeroit quelques mois.

Cependant, cette fille infortunée arriva heureusement à Londres où son amant la tint soigneusement enfermée, sous prétexte de la dérober aux perquisitions qu'on feroit d'elle. Les premiers jours, il partagea sa solitude; mais bientôt dégoûté par la possession, il ne daigna pas lui cacher l'ennui qu'elle lui inspiroit. *Henriette* lui avoit rappellé plusieurs fois la promesse qu'il lui avoit faite de l'épouser, & il en avoit éludé l'accomplissement sous divers prétexte. Enfin, ce mon-

monstre las de dissimuler, lui déclara sans détour qu'elle ne devoit plus compter sur lui, à moins de se soûmettre aux vûës qu'il avoit sur elle. J'ai joué, lui dit-il, & un révers de fortune m'a fait perdre la somme sur laquelle nous comptions pour notre subsistance ; mais ce malheur peut se réparer. Vous êtes jeune, aimable, ajoûta-t-il ; les Anglois sont généreux : un Seigneur épris de vos charmes, s'offre à pourvoir à notre subsistance ; ma main sera le prix de votre complaisance pour lui.

Vous croyés peut-être qu'*Henriette* si cruëllement trompée, exhala sa douleur par des reproches & des injures ; non, Mesdames : le mépris, l'horreur qu'elle conçût pour l'abominable homme auquel elle avoit tout sacrifié, fût chés elle un sentiment dominant qui étouffa tous les autres. Elle se léva sans dire un seul mot, & s'enferma dans son cabinet, ne pouvant soûtenir la vûë du faux Baron. Celui-ci ne s'étoit pas attendu à tant de modération, & croyant que sa maîtresse se rendroit bientôt & prendroit le parti qui sembloit être pour elle le seul à prendre, il ne voulût pas la presser pour ce moment, & sortit pour quelques heures.

Hen-

Henriette seule dans son cabinet, y éprouva d'abord une sorte d'anéantissement qui lui ôta l'usage des facultés de son âme: ensuite, par un mouvement comme machinal, elle se jetta à génoux, léva les yeux & les mains au ciel sans pouvoir ni former un sentiment, ni proférer une parole, ni même jetter une seule larme. Son cœur étoit pourtant d'accord avec sa posture : cette attitude étoit la seule priére dont elle fût capable alors, & c'étoit vraiement une priére, car elle étoit accompagnée d'un sentiment confus de son impuissance, d'un aveu de sa confiance en l'Etre suprême qui seul pouvoit la secourir. Ses sentimens percèrent jusqu'au trône de la miséricorde de Dieu ; sa grace les avoit excités en elle : elle avoit obéï à cette grace, il se hâta de la secourir. Une lumiére vive vint éclairer cette malheureuse fille, & lui découvrit la seule ressource qui lui restoit. Fidéle à cette lumiére, elle se léve, fait un petit paquet des hardes qui lui étoient restées, sort de la chambre & de cette maison avec autant de précipitation que si elle eût craint de la voir s'écrouler. *Henriette* n'ayant aucune vûë fixe, marcha assés long tems ; enfin, un embarras de carrosses l'ayant forcée de
s'ar-

s'arrêter, elle lût un billet qui lui apprit qu'il y avoit dans la maison proche de laquelle elle étoit, une chambre, ou plûtôt un grénier à louer. Heureusement pour elle, la femme à laquelle appartenoit ce grénier, entendoit le François, & avoit de l'humanité & de l'honneur. Elle fit quelques questions à *Henriette* qui l'assûra qu'elle ne recevroit aucune visite, & qu'elle ne sortiroit qu'une fois la sémaine pour vendre son ouvrage. Cette femme à qui la figure d'*Henriette* avoit donné quelque crainte, fût tranquillisée par ce discours. Elle la reçût, & consentit par la suite à lui donner en échange de son travail, l'absolument nécessaire pour ne pas mourir de faim.

A peine *Henriette* fût-elle seule, qu'elle se rappella tout ce qui lui étoit arrivé comme un songe dont elle n'auroit pû constater la réalité, si l'état déplorable dans lequel elle étoit réduite, ne l'eût forcée de s'avouer l'existence de son désordre & de ses suites. Alors, comme si elle eût appris dans ce moment tout ce qui s'étoit passé, elle se sentit saisie d'une si grande confusion, que quittant avec précipitation la place qu'elle occupoit, elle courût se cacher dans un recoin obscur où

se

se pressant contre la muraille, elle sembloit vouloir s'y enfoncer pour se dérober à elle-même sa propre vûë; vain effort, toutes les funestes démarches qui l'avoient conduites à sa ruine, étoient rangées devant ses yeux : c'étoit, m'a-t-elle dit, comme un cercle d'ennemis rangés en bataille autour d'elle qui la pressoient & l'environnoient de telle sorte, qu'ils ne lui laissoient aucune issuë pour s'échapper ; elle n'osoit ni léver les yeux, ni respirer, ni faire le moindre mouvement. Elle ne fût tirée de cette situation que par une autre plus pénible : tout à coup, l'image de son père & de sa mère mourans de douleur & de désespoir s'offre à ses yeux. Ils l'accusent de leur mort, lui rappellent la tendresse qu'ils lui ont toûjours témoignée, & la triste récompense qu'ils en ont reçuë. A l'instant elle tombe contre terre, leur demande pardon avec de grands cris, leur tend les bras, & il lui semble qu'ils la repoussent avec horreur. Ses parens, ses amis, tous ceux qu'elle a connûs, semblent aussi se joindre à eux. Les uns lui reprochent l'infamie dont elle a couvert tous ceux qui ont le malheur de lui être liés par le sang : les autres se reprochent les égards qu'ils ont eûs pour une créature qui
les

les méritoit si peu ; les derniers insultent à son malheur, se réjouïssent de la voir humiliée, lui reprochent sa hauteur, sa vanité, la félicitent ironiquement sur la haute alliance qu'elle a contractée. L'âme de la pauvre *Henriette* ne pût supporter tant d'assauts : elle s'évanouit, & démeura longtems privée de l'usage de ses sens, car il étoit nuit lorsqu'elle revint à elle.

Lady SENSÉE.

Je ne puis résister à l'attendrissement que m'inspire le récit de cette triste histoire : elle est faite ce me semble pour faire trembler celles qui se flattent le plus de leur sagesse ; car enfin, j'ose dire que l'âme de cette pauvre fille étoit vertueuse : des circonstances malheureuses l'ont précipitée dans l'abîme de tous les maux. Pardon, ma Bonne, de vous avoir interrompuë ! Je brûle du désir de savoir la fin de cette histoire.

Madem. BONNE.

Elle sera bientôt finie, ma chère. Depuis plusieurs mois, *Henriette* travailloit seule dans son grénier, & souffroit tout ce que l'indigence a de plus affreux pour une per-

personne élévée dans l'abondance. Ses larmes n'ont presque point tari pendant ce tems, & sans le secours de la priére, elle auroit succombé mille fois à son désespoir. Le hasard ou plûtôt la providence me l'ont fait connoître : je l'ai mise dans un lieu plus décent ; je l'ai consolé, & j'ose vous assûrer, Mesdames, qu'elle ira beaucoup plus loin dans le chemin de la plus héroïque vertu, qu'elle n'a été dans le sentier du vice. Au reste, son père par sa prudence s'est conservé la liberté de la reprendre chés lui. Le sécret de son avanture est impénétrable : on la croit en France où il va la conduire, & où il ira la reprendre dans quelque tems.

Au reste, la réflexion de Lady *Sensée* est très-juste. Cette fille a l'âme vertueuse, & cela me fournit l'occasion de vous répéter pour la milliéme fois que la vertu de tempérament n'est pas suffisante pour se soûtenir dans les occasions tant soit peu dangéreuses. Il n'appartient qu'à la seule réligion de nous donner des forces victorieuses contre toutes sortes de dangers ; & la pauvre *Henriette* avoit de la réligion une connoissance séche, stérile, superficielle, & telle que l'ont ordinairement les gens du monde.

Lady

Lady SPIRITUELLE.

Que de précautions à prendre quand il est question de choisir une gouvernante ! Je crois que celle de Mademoiselle *Henriette* étoit sage aussi dans le fond ; mais la vanité, le désir de plaire, de faire fortune, lui ont tenu lieu d'une âme déréglée, & ont produit chés elle les mêmes effets.

Madem. BONNE.

Votre réflexion est admirable, ma chère. Toutes les passions, telles qu'elles soient, peuvent conduire au même but : parmi le grand nombre de celles qui se perdent, il y en a bien peu qu'un naturel vicieux ayent précipitées dans le crime. La vanité, la jalousie, la gourmandise, l'orgueil, & mille autres défauts font perdre la sagesse ; c'est pourquoi je n'ai de confiance que dans la vertu de celle qui a la crainte de Dieu pour fondement. J'ai un mot à dire en particulier à Miss *Molly* : je vous prie, Mesdames, d'aller faire un tour de jardin.

Miss MOLLY.

Laissés-moi un moment pleurer tout à mon aise, ma Bonne ; j'étouffe . . . . .

N'allés pourtant pas croire que ces larmes ayent une indigne cause ; non, ma Bonne: le repentir n'en est pas plus le principe que ma reconnoissance envers mon Dieu. Châque instant de ma vie doit être employé à le remercier, & à vous benir après lui comme la cause de tout mon bonheur. Achevés votre ouvrage, ma Bonne : dictés-moi la conduite que je dois tenir à l'avenir pour réparer ma faute ; dictés-moi ce que je dois faire pour en dérober la connoissance à mes parens. Hélas ! ils en mouroient de douleur. Cependant, je ne pourrai leur cacher long-tems la perte de mes bijouts & les dettes que j'ai contractées.

Madem. BONNE.

La providence a pourvû à tout, ma chère enfant. Vos bijouts avoient été vendus à moitié prix à un misérable qui par-là s'étoit mis dans le cas d'être puni comme un réceleur : il les a rendus pour fort peu de chose. A l'égard de vos dettes, j'espére que vous aurés assés d'amitié pour moi pour me permettre de vous offrir l'argent nécessaire pour les payer : vous me le rendrés peu à peu, & bientôt entiérement si vous

le

le voulés. Point de réponse à cet article, ma chère ? Je le regarderois comme une injure que je ne vous pardonnerois jamais. A l'égard de la maniére de réparer votre faute devant Dieu, il vous en offre un moyen bien naturel. Ecoutés-moi, ma chère, & regardés ce que je vais vous dire comme une preuve de mon attachement sincére.

Vous avés peu de fortune, & ce peu, vos parens ne peuvent s'en dépouiller pour vous établir qu'en s'incommodant beaucoup. Ils vous aiment pourtant avec tant de tendresse, qu'ils sont déterminés à tout sacrifier pour vous bien marier.

Miss MOLLY.

J'aimerois mieux renoncer pour jamais au mariage, que de voir mes parens se dépouiller pour moi ; d'ailleurs, ma Bonne, j'ai été si malheureuse dans ma premiére inclination, que je suis presque déterminée à n'aimer jamais rien : vous concevés que cette disposition emporte celle de ne me marier jamais.

Madem. BONNE.

Non, ma chère, je ne conçois pas cela; voilà une vraye idée de roman : pour être heureuſe en ſe mariant, il ſuffit d'eſtimer la perſonne qu'on épouſe. De cette eſtime, l'amitié naît à coup ſûr, & ce ſentiment ſeul ſuffit au bonheur des perſonnes mariées ; il eſt même le ſeul dont on doive ſe promettre un attachement durable, comme je vous l'ai dit bien de fois.

Miſs MOLLY.

J'en conviens, ma Bonne, ou plûtôt ma raiſon en convient ; cependant, mon cœur répugne toûjours à mes lumiéres ſur cet article.

Madem. BONNE.

Pouvés-vous vous citer à vous-même votre cœur après le tour qu'il vous a joué, après ceux que je prévois qu'il vous jouera dans la ſuite ?

Miſs MOLLY.

Vous me faites trembler, ma Bonne : me croiriés-vous capable d'une ſeconde faute

faute après la cruelle expérience que j'ai faite ? Ah ! je suis sûre que vous avés meilleure opinion de votre Hollandoise que de moi. Vous nous avés assûré que vous la regardiés comme une personne qui alloit se livrer aux plus héroïques vertus : me croyés-vous incapable d'un pareil effort ?

Madem. BONNE.

Je suis forcée, ma chère, de vous parler avec une sincérité qui auroit quelque chose de choquant, si elle n'avoit son principe dans la tendre amitié que je vous ai vouée : c'est cette amitié qui m'a fait approfondir votre caractère. Il est excellent, ma chère ; mais il réunit deux contraires qui me font trembler pour vous: une vivacité de sentimens auxquels il faut un aliment, & une foiblesse inexprimable pour les combattre. Oui, ma chère amie, malgré la triste expérience que vous venés de faire, vous aimerés encore, & peût-être plus dangéreusement que la première fois. Ne m'interrompés pas, je vous en conjure, & écoutés-moi jusqu'à la fin.

Vous avés des agrémens, vous avés des vertus. Vous plairés par les premiers à tout ce que nous avons d'hommes frivoles ; vous pourrés par les fecondes vous attacher un homme de bon fens. Je ne dis pas qu'il fera amoureux de vous, non, ma chère, il fera quelque chofe de mieux; mais ce mieux ne fera pas tel à vos yeux : le langage tranquille d'une amitié refpectueufe vous paroîtra glacé, furtout lorfque vous le comparerés aux emportemens d'un jeune écervelé qui vous proteftera un amour éternel. Votre cœur vuide à préfent, fe laffera bientôt de fon oifiveté. Tel eft l'effet ordinaire des grandes paffions, même de celles qui ont été malheureufes : elles accoûtument le cœur à des émotions vives dont il ne peut plus fe paffer. Votre cœur fatigué du repos, attendra, ou du moins faifira avec impatience le moyen de fe débarraffer de fon inaction. Je tremble lorfque je prévois qu'il ne fe déterminera qu'en faveur de celui qui lui promettra les impreffions les plus vives. Nous ne trouverons pas contre un étourdi, un homme fans morale, la reffource que nous avons trouvée dans les crimes du faux Baron ; nul moyen par conféquent de vous arracher à une paffion qui dans les idées ordinaires n'aura rien que de naturel : qu'en arrivera-t-il, ma chère ? Je puis le prédire à coup fûr.

Vous

Vous ne plairés à un jeune homme, tels qu'ils sont aujourd'hui, que par vos agrémens.

Cet amour n'ayant point un fondement raisonnable passera bien vîte ; & si par malheur, il vous a conduit jusqu'au mariage, & que le malheur d'aimer sans être aimée, soit pour vous sans ressource, alors vous tomberés dans le désespoir ou dans le déréglement.

Miss MOLLY.

Dans le désespoir, passe ; mais pourquoi dans le déréglement, ma Bonne ? qui peut vous donner une si mauvaise opinion de mes mœurs ?

Madem. BONNE.

L'histoire de tout le genre humain, ma chère. Elle m'apprend qu'une femme qui aime son époux, & qui s'en voit méprisée, commence par gémir, pleurer, se désespérer, & finit par chercher à se consoler par d'autres sentimens ; sentimens honnêtes dans leur origine : on aimeroit mieux mourir que de commettre le crime. On ne veut se permettre qu'un amour platonique qui se borne aux seuls sentimens ; mais cet amour platonique n'existe

n'exifte que dans les romans. On
s'en apperçoit trop tard: le cœur eft
engagé, & communement ce n'eft pas à
des actions vertueufes que ce mauvais
guide nous conduit. En un mot, ma
chère, une femme méprifée par fon mari,
ne peut fe tirer de ce dangéreux pas que
par une vertu fublime, un éloignement
abfolu du monde & de la compagnie de
ceux qui viennent s'offrir en foule en
qualité de confolateurs. Peut-on fe promettre affés de courage pour s'arracher à
ces dangers?

Mifs MOLLY.

Pourrois-je vous demander, ma Bonne,
à quoi aboutit tout ce que vous venés de
me dire, & ce que j'en dois conclûre?

Madem. BONNE.

Le voici, ma chère. Vous en devés
conclûre, que l'indifférence eft un état
impoffible, ou du moins trop pénible pour
vous.

Que par conféquent, vous devés recevoir de la main de la providence la premiére occafion favorable qui fe préfentera
de mettre dans votre cœur un fentiment
honnête & raifonnable qui fera du caractère dont je vous connois, un fûr préfervatif pour vous.

Mifs

Miss MOLLY.

Vous ne me dites pas tout, ma Bonne ; aſſûrement, cette occaſion favorable que vous ſouhaités pour moi, ſe préſente,

Madem. BONNE.

Je ne vous le diſſimulérai pas, ma chere; vous avés deviné ma penſée. Un honnête homme qui n'a d'autre défaut que d'être venu au monde une douzaine d'années trop tôt, s'eſtimeroit le plus heureux des mortels ſi vous vouliés lui faire grace de cette précipitation que ſes parens ont eû de le faire naître avant vous.

Miss MOLLY.

Ne badinons pas ſur ce ſujet, ma Bonne ; je ſais que vous parlés de Mr. P***. Je l'eſtime beaucoup ; mais je le hais.

Madem. BONNE.

Et pourrois-je ſavoir le fondement de cette haine ?

Miss MOLLY.

C'eſt que j'ai deviné ſes intentions à mon égard, & que toutes les fois qu'un indifférent s'aviſe de vouloir être aimé de nous, il devient haïſſable, du moins je crois que cela arrive toûjours ainſi.

Madem. BONNE.

Rien de plus équitable que cette régle que vous fupposés. Voici un fort honnête homme que j'eftime, pourvûqu'il ne veuille pas faire mon bonheur ; mais s'il s'avifoit de vouloir me mettre dans une fituation opulente, s'il aimoit à partager avec moi fa fortune, fon rang, fon crédit, dès-lors il me paroit haïffable.

Miss MOLLY.

Comme vous tournés cela, ma Bonne ! Je lui fuis très-obligé de fa bonne volonté, pourvûqu'il ne veuille pas me forcer à en profiter en intéreffant mes parens, car alors il me paroit haïffable, & voilà de quoi j'ai foupçonné Mr. P***.

Madem. BONNE.

Oh! fur cet article, ma chère, l'intérêt que je prends à ce qui vous touche, m'empêche d'être de votre fentiment. Je ferois vraiment en colére contre Mr. P*** s'il avoit pû foupçonner qu'une fille de votre âge exigea d'être confultée avant fes parens ; fon eftime pour votre vertu l'a empêché de faire cette fottife : au refte, il eft est fortement déterminé à ne vous obtenir que de vous. Il a demandé permission à vos parens de vous faire savoir ses vûes, & les a conjurés en même tems de ne point employer en sa faveur une autorité à laquelle il suppose que vous ne voudriés pas résister ; ainsi il a sû allier ce qu'il devoit à la décence & à la délicatesse. Vos parens ont entré dans ses vûes : vous sentés qu'ils souhaitent passionnément un mariage qui vous est si avantageux ; cependant, ils ont promis de ne pas vous en dire un mot, & ont conseillé à Mr. P*** de s'adresser à moi pour savoir vos intentions.

Miss MOLLY.

En vérité, toutes ces précautions, toute cette délicatesse, toute cette bonté de mes parens, sont une vraye persécution, une tyrannie insupportable. Quel parti prendre avec de pareils procédés ? On me laisse une plaisante liberté, vraiment ! me prend-on pour un monstre capable de résister aux sentimens de la tendresse filiale, de la reconnoissance, aux conseils de l'amitié ? Est-ce là encore une fois me laisser libre ?

Madem. BONNE *en riant.*

On a tort, ma chère. Je vais dire à cet honnête homme qu'il n'a qu'un moyen de vous laisser libre, c'est de presser vos parens de vous forcer à recevoir sa main sans s'embarrasser si cela vous plait ou non. J'exhorterai votre père & votre mère à vous déclarer despotiquement qu'ils prétendent que vous consentiés à ce mariage, ou qu'ils vous accableront de leur indignation.

Miss MOLLY.

Vous vous mocqués de moi, ma Bonne, & dans le fond, vous avés raison. Il est pourtant vrai que cette conduite me mettroit bien à mon aise, en me fournissant un motif raisonnable de refuser mon consentement. Mais dites-moi, ma Bonne, cet homme, est-il bien amoureux de moi ? N'y auroit-il pas moyen de lui ôter cette fantaisie de la tête ? Comment a-t-il pû concevoir une pensée si extravagante ? Car enfin, il pourroit être mon père quoiqu'il ne soit pas encore très-vieux. J'ai une si grande répugnance pour les gens agés ; ils sont si sérieux. D'ailleurs, cet homme saura qu'il m'a fait ma fortune : il faudra
lui

lui tout devoir. Que cela est pénible! En vérité, je le hais pour tout l'embarras qu'il me cause.

Madem. BONNE.

Je vais vous aider à le haïr encore d'avantage: vous ne connoissés pas tous ses mauvais procédés à votre égard; mais auparavant, je dois répondre à vos questions.

Vous me demandés s'il est bien amoureux de vous. Pardonnés-moi ma franchise, ou plûtôt pardonnés-lui la sienne. Il jure qu'il ne l'est point du tout; mais par parenthèse, nous pouvons nous dispenser de l'en croire sur sa parole: c'est un malade qui ne sent pas son mal, & entre nous, son amour se cache sous le voile de l'amitié. Cette amitié ou cet amour ont surmonté la répugnance qu'il avoit pour le mariage. Il vouloit être heureux en se mariant, ou rester garçon. Toutes les femmes qu'il a vûes jusqu'à ce jour, lui ont parû de jolies poupées, propres à recréer les yeux. Vous seule lui paroissés propre à satisfaire sa raison & son coeur, & vous donnés tellement l'exclusion à toutes les autres femmes qu'il renonce au mariage,

mariage, si vous refusés sa main. Vous me demandés, comment il s'est avisé de vous aimer. Cette faute, si c'en est une, est la vôtre. Pendant la maladie de Madame votre mère, vous savés que Mr. P*** alloit tous les jours chés vous. Votre tendresse, vos soins, vos attentions, votre complaisance pour cette chère malade, ont fixé son attention. Il vous a étudiée, & croyant avoir trouvé en vous ce qu'il lui faut pour être heureux, il a résolû de faire votre bonheur, soit en vous prenant pour épouse soit en vous adoptant pour sa fille, & en vous assûrant tout son bien en conséquence de cette adoption.

Miss MOLLY.

Ah, mon Dieu! que me dites-vous là ma Bonne? Je conçois fort bien que mon père & ma mère ont raison de souhaiter un tel homme pour moi; cependant, il est vrai que j'ai une répugnance insurmontable pour lui. Si je l'épouse, je serai malheureuse; si je ne l'épouse pas, mon père, ma mère, & cet honnête homme là seront malheureux. Dites-moi en conscience, ma Bonne; la religion & la raison, me permettent-elles de me sacrifier pour

pour le bonheur des autres ? Prenés bien garde à ce que vous allés me répondre au moins ; je vous avertis que je suivrai votre conseil, & que vous serés responsable des mauvaises suites qu'il aura sans doute.

Madem. BONNE.

Eh bien ! ma chère ; je m'en charge volontiers. Je connois votre coeur à fond, & depuis qu'il est question de cette affaire, j'ai employé tous mes efforts à pénétrer celui de Mr. *P****. C'est sur la connoissance de vos deux caractères, que je vous engage ma parole que vous serés assortis. Mr. *P**** sans être Méthodiste, a de la religion. Sa probité est universellement reconnûe. Il est gai, complaisant, généreux sans être prodigue. Ses domestiques l'adorent & ne tarissent point sur ses louanges. Vous êtes reconnoissante, sensible aux attentions, délicate jusqu'à l'excès. Vous aimerés infailliblement un mari qui vous accablera de bienfaits, qui ne sera occupé que de votre satisfaction, & dont vous n'aurés pas à craindre, je ne dis pas une infidélité, mais même une distraction. Vous trouverés tous ces avantages en Mr. *P****, & vous ne pouvés les espérer dans
un

un jeune homme. Ainsi, ma chère, au lieu de faire trois heureux en consentant à ce mariage, vous en ferés cinq, votre père, votre mère, Mr. P***, vous & moi que vous n'avés pas daigné compter parmi le nombre de personnes que votre refus rendroit misérables. Au reste, ma chère, je ne vous demande pas à ce moment une réponse positive ; priés beaucoup, & demandés au Seigneur qu'il conduise toute cette affaire selon sa sainte volonté.

Miss Molly.

Je suis bien aise, que ma Bonne qui connoit si bien mon caractère, le connoisse pourtant moins que moi. Si je réfléchis, je suis perdue, supposés que ce mariage ait tous les avantages que vous croyés. Il faut, s'il vous plait, brusquer cette affaire, & me mettre hors d'état de me dédire. Quand je prends médecine, je ne marchande point, je l'avale tout d'un coup ; & si malheureusement je m'amuse à la regarder, la répugnance l'emporte sur la raison, car ma raison est d'une singuliére espéce. J'y renonce donc aujourd'hui pour suivre la vôtre, ou plûtôt, elle m'éclaire assés pour me dire que vous ne voudriés

pas

pas me rendre misérable. Mes parens ont pû être séduits par les richesses de Mr. P*** ; mais ce motif de séduction pour eux n'en est pas un pour vous. Je m'abandonne donc à votre conduite, & dès ce moment je vous prie de me conduite aux pieds de mon père & de ma mère pour les assûrer que leurs volontés seront la mienne.

Cet arrangement, ma chère amie, rend inutile ceux que vous aviés pris si généreusement pour cacher mes sottises ; mais ma reconnoissance n'en sera ni moins vive, ni moins éternelle.   Partons.

TREIZIÉME JOURNÉE.

Toutes les écoliéres réunies.

Madem. BONNE.

VOus êtes venues bien matin, Mesdames ; à peine avons-nous eû le tems de déjeûner.

Lady

Lady MARY.

J'en suis bien aise, & je pourrois vous souhaiter encore plus de mal pour vous punir de nous donner quinze jours de congé. Oh ! je suis bien en colére contre vous, ma Bonne. Vous ne pensés plus qu'à vos grandes écoliéres ; les autres semblent ne vous être plus rien.

Madem. BONNE.

Reconcilions-nous, ma chère. Ces leçons retardées, différées, sont une dette que je vous payerai bientôt. Le moment approche où vous allés être au nombre de ces grandes filles dont vous paroissés envier le sort. Au reste, votre colére est très-flatteuse pour moi, & pour vous en remercier, il faut que je vous embrasse....

Nous allons, Mesdames, continuer l'histoire de la Sainte Ecriture. Commencés, Lady *Charlotte*.

Lady CHARLOTTE.

Nous en sommes restés au sermon que Jésus fit sur la montagne ; en voici la suite, telle que je m'en souviendrai au moins, car je ne l'ai pas appris mot à mot.

Que votre lumiére luise devant les hommes, afin qu'ils voyent vos bonnes oeuvres, & qu'ils glorifient votre père qui est dans les cieux.

Madem. BONNE.

Dans un autre endroit de l'Evangile, Jésus récommende aux hommes de faire leurs bonnes oeuvres en sécret. Ces deux passages paroissent contradictoires, & ne le sont pourtant pas. Tous les hommes en général, & surtout les personnes de qualité, sont obligées de donner bon exemple, ce qui ne peut se faire qu'en faisant de bonnes oeuvres; mais quel motif doit avoir celui qui laisse appercevoir ses bonnes actions? celui de faire glorifier le père céleste. Qu'est-ce que Jésus Christ condamne dans ceux qui prient, jeûnent & font de bonnes actions en public? le désir d'être glorifiés par les hommes. Tâchons, Mesdames, de concilier ces deux préceptes en veillant beaucoup sur nos intentions, & en reconçant lorsque nous faisons le bien publiquement, à tout autre motif que celui de glorifier Dieu. Continués, Lady *Charlotte.*

Lady

Lady Charlotte.

Celui qui donnera à son frère un nom capable de le diffamer, qui lui ôtera sa réputation, son honneur, méritera d'être condamné au feu de l'enfer.

Lady Spirituelle.

Ma Bonne, il y a dans la Sainte Ecriture, celui qui appellera son frère fou, méritera l'enfer ; cela est bien terrible, car on dit souvent par hasard en parlant d'un homme, c'est un fou, & cela sans mauvaise intention.

Madem. Bonne.

Le mot fou dans cette occasion veut dire impie. *L'insensé (c'est-à dire le fou) a dit dans son coeur, il n'y a pas de Dieu.* Vous voyés que l'Ecriture appelle l'impie & le blasphémateur un fou, ce qui est en ce sens la plus grande injure qu'on puisse dire à un homme. Mais, ma chère, avec cette explication, le passage n'en est pas moins terrible. Oter la réputation au prochain, est un crime qui mérite l'enfer ; & que fait-on autre chose dans les cercles & les compagnies que d'ôter la reputation au pro-

prochain ? Quel est le sujet ordinaire des conversations ? la médisance, & souvent même la calomnie. Au sortir d'un cercle où l'on s'est prêté à déchirer le tiers & le quart, on peut se dire à soi-même : je viens de mériter l'enfer ; si je mourois actuëllement, j'y serois condamnée.

Lady SPIRITUELLE.

En vérité, ma Bonne, cela demande une explication. Il est certain que les conversations ordinaires roulent sur le prochain. On se mocque des ridicules, on repand la nouvelle du jour qui ordinairement est une avanture scandaleuse ou absolument publique, ou qui roule sous terre pour ainsi dire, & qui éclatera bientôt. Enfin, on découvre une faute absolument cachée, ou ce qui est bien rare, on calomnie, en inventant une chose fausse pour faire tort au prochain, ou par envie, haine, vengeance, ou même par legéreté. J'ai dit que cela étoit bien rare, car il y a peu de personnes assés méchantes même parmi les méchans, pour commettre ce crime. Voilà comme vous voyés, ma Bonne, bien de maniéres de parler du prochain ; assûrement, elles ne sont pas également criminelles.

Madem. BONNE.

A ce que je puis comprendre, Lady *Spirituelle* a en horreur la calomnie, & regarde comme des bagatelles tout ce qui se dit de vrai sur le compte du prochain, surtout si le mal qu'on en dit, est connû de tout le monde.

Lady SPIRITUELLE.

C'est précisément cela, ma Bonne. Par exemple, une fille a publiquement une intrigue : elle n'en fait point myſtére, ou bien un misérable découvre une faute cachée qu'une personne a commise, il commet un crime, assûrement ; mais cette chose alors est publique, on en parle de tous côtés, j'en parle comme les autres: suis-je coupable?

Madem. BONNE.

Me voici donc érigée en casuiſte; j'ai à décider des cas de conscience. Ecoutés, ma chère ; je ne consulterai que la mienne pour vous répondre, & cependant, je soupçonne que vous trouverés ma décision bien sevére.

Se mocquer des ridicules du prochain, en parler, c'est agir contre ce précepte:

Ne

Ne faites pas aux autres ce que vous ne voudriés pas qu'on vous fît. Or, ma chère Lady *Spirituelle*, fi vous aviés quelque ridicule, vous feriés très-fâchée qu'on s'en divertit ; donc vous faites mal de vous amufer des ridicules des autres. Repandre une avanture fcandaleufe qui même eft publique, c'eft s'expofer à la calomnie. Vous le favés, Mefdames, l'événement le plus fimple n'eft jamais rapporté comme il eft : il fe charge de circonftances à châque bouche par laquelle il paffe, & cela fans mauvaife intention, enforte qu'il n'eft plus le même à la trentiéme perfonne qui le rapporte ; mais fi ce fait paffe par la bouche d'une perfonne qui ait un intérêt de paffion à le déguifer, cela eft bien pire. C'eft une boule de neige qui fe groffit, & à laquelle on fait encore à deffein de grandes additions. Or vous débités une nouvelle fcandaleufe chargée de toutes ces additions ; donc vous vous expofés à la calomnie, en répétant une chofe vraye dans le fond, mais abfolument attirée, augmentée, dénaturée par les circonftances que la bavarderie ou la malignité y ont ajoûtées ; donc vous calomniés, & vous mettés dans l'obligation de dire à tous ceux auxquels vous avés parlé: je fuis une étourdie ; je ne fais rien

rien de sûr sur ce que je vous ai débité : je n'ai été que le criminel Echo de gens qui peut-être avoient intérêt d'augmenter la mauvaise action dont je vous ai entretenuë.

Vous voyés, ma chère, qu'il est toûjours dangereux de parler du prochain. Le plus sûr est donc de mettre une garde à ses lévres à ce sujet, & de n'en rien dire que nous ne fussions charmées qu'on dit de nous.

Lady SPIRITUELLE.

Et de quoi parlera-t-on donc, ma Bonne ? Que voulés-vous que disent une douzaine de personnes que l'ennui ou l'usage rassemble sans avoir rien à faire les unes avec les autres ?

Madem. BONNE.

Je ne veux pas qu'on se trouve dans ces sortes d'assemblées qui d'ailleurs doivent faire le supplice d'une personne de bon sens. Si vous remplissés vos devoirs de mère de famille, il ne vous restera pas de tems à donner à ces causeries, puisque le vôtre suffira à peine pour tout ce que vous aurés à faire.

Lady

Lady LOUISE.

Cela est excellent, ma Bonne: je ne chercherai pas ces sortes d'assemblées qui, comme vous le dites fort bien, sont très-ennuyeuses; mais elles viendront me relancer chés moi, comme cela m'arrive tous les jours: puis-je leur fermer la porte au nés?

Madem. BONNE.

Vous entrés dans le monde, Mesdames; il vous est aisé de vous y mettre sur le ton que vous voudrés. Je vais vous le prouver par un exemple. Mylady G**** en se mariant, se mît dans la tête de ne point donner à manger le dimanche, parceque cela empêchoit ses domestiques d'aller à l'église. Quelques amis vinrent lui demander à diner pour ce jour-là: elle leur dit franchement qu'ils lui feroient honneur tous les autres jours de la sémaine; mais que celui-là, ses domestiques ayant besoin d'aller à l'église, elle ne pouvoit recevoir personne. On trouva la chose risible, on en badina dans les compagnies; mais tout en badinant, on rendit sa déclaration publique. Elle en fût quitte pour un mois de persécution, & depuis treize ans, on la laisse tranquille. Imités son exemple. Débités partout que la journée vous paroit bien courte, que toute votre matinée est employée en affaires, & que vous avés un grand chagrin quand on vous en distrait. Annoncés à toutes vos amies que vous n'irés point chés elles à ces heures : bientôt vous serés débarrassée des importuns ; & si malgré ces précautions, ils s'obstinent à vous tourmenter, ayés un air si affairé, si distrait, qu'ils s'ennuyent auprès de vous autant qu'ils vous ennuyent.

Miss BELOTTE.

Mais enfin, ma Bonne, il faut faire de l'exercice, se distraire, quand ce ne seroit que pour la santé.

Madem. BONNE.

J'en conviens, Mesdames : promenés-vous ; mais que ce soit entourées de vos enfans, que vous entretiendrés des merveilles de la nature, que vous chercherés à amuser. Prenés de l'exercice, en allant visiter les pauvres de votre quartier, les hôpitaux ; car enfin, vous rendrés compte à Dieu de tous vos momens, & ceux qu'on perd, ne se retrouvent jamais. Continués le Saint Evangile, Lady *Charlotte*.

Lady

Lady CHARLOTTE.

Si donc vous préfentés votre don à l'autel, & que vous vous fouveniés que votre frère a quelque chofe contre vous, laiffés-là votre don devant l'autel, & allés vous reconcilier avec votre frère, & puis vous reviendrés offrir votre don.

Madem. BONNE.

Oh! admirable loi, la divine loi! Voyés-vous, Mefdames, quand je n'aurois aucune preuve de la vérité de la réligion chrétienne, fa perfection, fon utilité me prouveroient fa divinité. Jéfus ne dit pas, fi vous avés de la haine contre votre frère; mais, fi votre frère a quelque chofe contre vous. *Quelque chofe*: ces paroles n'expriment pas la haine ; non, Mefdames, n'attendés pas qu'il vous haïffe : s'il a quelque froideur, quelque léger mécontentement, quittés tous vos plaifirs, vos affaires, le fervice de Dieu même, pour vous reconcilier avec lui. Mais ce n'eft pas vous qui avés tort, c'eft le prochain ; n'importe, laiffés votre préfent à l'autel, & n'épargnés rien pour regagner votre frère. Faites bien attention à ceci, Mefdames, furtout avant la fainte communion. On fe fait fouvent

illu-

illusion sur cet article. On dit : j'ai pardonné de bon cœur à cette personne ; mais je ne veux pas la voir. On pousse ce sentiment jusques à la mort. Combien de personnes refusent à ce moment de voir celles à qui elles veulent faire croire qu'elles ont pardonné ? Combien de ministres sont assés foibles pour trahir leur ministère ? qui n'osent dire aux grands : vous ne pouvés être en sûreté de conscience, tant que vous ne vaincrés pas votre répugnance à voir celui qui vous a offensé. Vous risqués votre salut en mourant dans cette disposition : vous scandalisés les chrétiens qui sont exposés à la tentation de croire que vous n'avés pas entiérement pardonné ; en un mot, vous ne pouvés recevoir le Sacrement que vous ne vous soyés faite cette violence.

Lady LOUISE.

Je connois plusieurs gens de bien qui n'ont pas voulû voir à la mort, un enfant dont ils avoient à se plaindre ; mais qui lui ont laissé quelque chose pour marquer qu'elles lui pardonnoient. D'ailleurs, le ministre n'a pas voulû les contraindre à ce sujet, par la crainte de leur causer une révolution à la vûë de ces personnes, qui vraisemblablement eût hâté leur mort.

Madam.

Madem. BONNE.

Et qu'importe que ces personnes eûssent vécû quelques semaines de plus ou de moins pour assûrer leur salut? Qu'est-ce qu'un pardon qui laisse un si grand éloignement pour un ennemi, que sa vûë peut avancer la mort? Voules-vous éviter cette révolution, Mesdames; n'attendés pas à la mort à vous reconcilier. *Prenés garde,* dit Jésus-Christ dans le chapître même où nous sommes, *prenés garde à vous accorder avec votre adversaire pendant que vous êtes en chemin avec lui;* & défiés-vous de ces reconciliations qui laissent votre cœur éloigné de votre ennemi.

Lady LUCIE.

Mais, ma Bonne, il est des ennemis si méchans, qu'on s'expose beaucoup en vivant avec eux, n'est-il pas plus prudent de les tenir à une certaine distance?

Madem. BONNE.

Oui, sans doute, Mesdames. Vous devés pour votre propre sûreté écarter celui qui peut vous nuire; mais ce point est bien délicat. La haine peut se couvrir

K 3 *du*

du masque de la prudence. Evités une personne dangéreuse, à la bonne heure ; mais pour n'être point la dupe de votre propre cœur, ne passés aucun jour sans prier pour cette personne : cherchés l'occasion de lui rendre service sans qu'elle le sache ; faites des bonnes œuvres à son intention. Enfin, sondés bien votre cœur, car il est certain qu'il n'y a point de salut pour vous si vous n'aimés cet ennemi comme vous-meme. Continués, Lady *Charlotte.*

Lady CHARLOTTE.

Vous avés appris qu'il a été dit aux anciens : vous ne commettrés point d'adultére ; & moi, je vous dis, que quiconque regardera une femme avec un mauvais désir pour elle, a déjà commis l'adultére dans son cœur. Que si votre œil droit, votre main droite vous font occasion de scandale, arrachés-les & les jettés loin de vous, car il vaut bien mieux que ces parties de votre corps périssent, que tout votre corps soit jetté dans l'enfer.

Madem.

Madem. BONNE.

Je suis forcée d'arrêter à châque verset, Mesdames, pour admirer la pureté de la sainte loi de Jésus. Elle ne se contente pas de régler tellement l'ordre de la société que la terre deviendroit un ciel si elle étoit observée ; elle rappelle l'homme à son état primitif, à sa premiére dignité, en réglant son intérieur, & en lui faisant un devoir de ne souffrir aucune pensée, aucun désir qui puisse le faire rougir. Vantés-moi après cela l'innocence de vos comédies où l'on tient des discours que vous ne pouvés entendre sans rougir, où les gestes les plus libres portent à l'esprit les idées les plus indécentes. Vantés-moi l'innocence de vos bals où dans une parure la plus recherchée, souvent même indécente, vous servés de filets au diable, en excitant chés les hommes ces pensées qui les rendent coupables aux yeux de Dieu. Vantés-moi l'innocence de vos assemblées où l'on ne rougit point des discours équivoques, des libertés soi disant innocentes.

Miss SOPHIE.

A ce compte, ma Bonne, il faut renoncer à tout, s'enterrer toute vive ; autant mourir tout d'un coup.

Madem. BONNE.

Je vous le répéte pour la vingtiéme fois, Mesdames : une femme vertueuse trouve mille fois plus de plaisir à remplir ses devoirs, que le monde ne peut lui en faire goûter ; mais quand il seroit vrai qu'il faudroit renoncer à toutes sortes de plaisirs, ce seroit cet œil & cette main que l'Evangile nous commande d'arracher. Je vous dirois avec Jésus : il vaut mieux se priver des plaisirs, que de perdre son âme, & être précipitée dans l'enfer.

Cet endroit de l'Evangile me donne encore une leçon à vous faire. Je vois avec douleur, Mesdames, que quelques-unes de vous suivent le torrent par rapport à la façon de s'habiller. Vous avés la gorge découverte, ou la gaze dont elle est cachée, est si claire qu'il vaudroit tout autant ne rien avoir. Sachés, Mesdames, que vous commettés en cela un très-grand péché, & que vous êtes responsable de tous ceux que vous faites commettre. Pour moi, j'ai fort mauvaise opinion d'une femme qui n'est pas extrêmement rigide sur cet article, & je sais que plusieurs hommes sont de mon avis. J'espére que je n'aurai jamais occasion de répéter cet avertissement. *Lady Senseé,*

Sensée, continués à nous rapporter l'histoire Romaine.

Lady SENSE'E.

Coriolan irrité contre le peuple, trouva bientôt occasion de se venger. Il étoit question de la distribution des bleds qui venoient d'arriver en abondance. *Coriolan* soûtint au Sénat qu'il falloit profiter de l'occasion pour obliger le peuple à abolir le Tribunat, & de ne lui donner du bled qu'à condition de remettre toutes choses dans l'ancien ordre. Vous sentés bien qu'*Apius* fût de l'avis de *Coriolan*; mais selon la coûtume, *Publicola* & ceux de son parti l'emportèrent. Les Tribuns enragés citèrent *Coriolan* pour rendre raison de sa conduite devant le peuple. Les Sénateurs frémirent de cet attentat, & un grand nombre s'offrit à défendre les droits du Sénat jusqu'à la derniére extrêmité. Ces mouvemens de vigueur ne se soûtinrent point; on se laissa entraîner à l'avis de quelques-uns des partisans du peuple qui prétendoient que la condescendance qu'on auroit en cette occasion, désarmeroit la multitude. Leur attente fût trompée: on craignit pour les jours de *Coriolan*, & il fallût regarder comme une grace, l'exil auquel il fût condamné.

Madem. BONNE.

C'est ainsi que le Sénat se vit dégrader par sa foiblesse, & que *Coriolan* fût puni de s'être laissé emporter à son ressentiment & à sa passion.

Lady VIOLENTE.

Mais enfin, ma Bonne, *Coriolan* ne demandoit rien que de juste & de très à propos ; vous ne pouvés le condamner sans faire en même tems le procès à votre bon ami *Apius*.

Madem. BONNE.

L'action d'*Apius* & celle de *Coriolan* étoient semblables, j'en conviens ; mais leurs motifs étoient bien différens. *Apius* dans tout ce qu'il faisoit, n'avoit en vûë que le bien de la république ; *Coriolan* ne pensoit qu'à se venger. On prend toûjours des mauvais conseils de la haine & du ressentiment. Lady *Sensée*, dites-nous à quels excès *Coriolan* poussa le sien.

Lady

Lady SENSEE.

Coriolan sortit de l'assemblée la rage dans le cœur, & étant entré chés lui, il dit adieu d'un œil sec à sa mère ; puis s'adressant à son épouse, il lui souhaita un mari plus heureux & digne d'elle. Il sortit ensuite de Rome, & le désir de se venger, le conduisit chés les Volsques. Etant entré chés leur Général, il s'assit dans le foyer sans dire un seul mot. Le foyer, Mesdames, étoit le lieu où l'on faisoit le feu pour la famille. C'étoit un asyle inviolable, & un homme n'eût pû y maltraiter son plus cruel ennemi sans se déshonorer. Les domestiques étonnés coururent avertir leur maître, qu'un inconnû extrêmement triste, mais dont le visage étoit fier, étoit chés lui. Le Général s'y étant rendu, *Coriolan* lui parla en ces termes :

Tu vois dans ton foyer comme suppliant, le plus grand ennemi de ton païs. J'ai pris tes villes ; j'ai détruit tes soldats : en un mot, je suis *Coriolan*. Mon ingrate patrie a récompensé par l'exil, ce que j'ai fait pour elle & contre toi. Tu peus te joindre à elle pour achever de m'opprimer; mais si tu trouves qu'il est plus généreux de protéger un ennemi qui n'eſt plus en état de nuire, je t'offre mon bras. Uniſſons nos reſſentimens contre Rome; je puis la faire repentir de ſon injuſtice à mon égard.

Miſs BELOTTE.

Ah, pauvre *Coriolan!* qu'eſt devenu ta vertu? En vérité, ma Bonne, je ne puis comprendre qu'un ſi honnête homme ſe ſoit déterminé à porter la guerre dans ſon païs.

Madem. BONNE.

Voilà le ſort des vertus humaines; elles ne tiennent point contre une paſſion violente.

Lady SENSE´E.

Mais, ma Bonne, *Coriolan* eût-il été coupable de ſe retirer chés les Volſques pour y vivre en particulier? Car enfin, banni de Rome, il falloit bien enfin qu'il fût en un lieu de ſûreté; chés des peuples alliés, les Romains lui auroient pû jouer quelque mauvais tour, & l'on eſt obligé par la loi naturelle à pourvoir à ſa ſûreté.

Madem. BONNE.

Voilà un procès à décider, Mesdames. Qu'en pensés-vous, Lady *Charlotte* ?

Lady CHARLOTTE.

Pour moi, je suis persuadée qu'il faudroit mourir plûtôt que de porter les armes contre sa patrie : ne pensés-vous pas comme moi, Mesdames ?

Miss SOPHIE.

Vous sentés bien, Madame, que nous ne pouvons avoir un autre sentiment.

Lady LUCIE.

Pour moi, je retracte toute l'estime que j'avois pour *Coriolan*, & pour tous ceux qui comme lui serviront les ennemis de leur patrie. Qu'en pensés-vous, ma Bonne ?

Madem. BONNE.

J'aurois répondu comme vous il y a trois mois, ou plûtôt je pense encore de même ; cependant, nous ne sommes pas de même avis, & pour nous bien entendre, nous aurons besoin d'expliquer ce que nous entendons par la patrie.

Lady

Lady MARY.

Cela va sans dire; c'est le lieu, c'est-à-dire, le royaume dans lequel on est né.

Madem. BONNE.

Je ne puis être de votre avis, Madame, & en voici les raisons que je rendrai claires par un exemple. Je suis née en Turquie. On me condamne injustement à être empalée. Je me sauve en France: je demande à être naturalisée dans ce païs; on m'accorde ma demande. Alors la France contracte des obligations à mon égard, & j'en contracte aussi de mon côté. Le Roi de France en me recevant pour sa sujette, promet de m'accorder protection, sûreté dans ses Etats, le partage de tous les avantages dont jouïssent ses autres sujets. Toutes les graces qu'il leur accordera, seront pour moi comme pour eux; en un mot, il ne mettra plus de différence entre moi & ceux qui sont nés dans ses Etats. Je pourrai y vendre, y acheter, y tester, y recevoir un héritage. En retour de ce qu'il m'accorde, je me charge de tous les devoirs des citoyens auxquels on m'associe. Je lui dois comme eux, le respect, l'obéïssance, les tributs, l'attachement. Je deviens sa sujette;

sujette ; tous les habitans deviennent mes compatriotes, & le royaume ma patrie. Tous les devoirs, Mesdames, qu'on doit à son païs, je les dois à cette nouvelle patrie que je choisis & que j'adopte, dont je dois épouser, partager les intérêts. Ses ennemis deviennent les miens ; ses alliés, mes alliés. En un mot, je lui dois jusqu'à la derniére goutte de mon sang, pour & contre tous.

Lady LOUISE.

Et même contre ma patrie, contre le païs qui m'a vû naître ? Tenés, ma Bonne ! tout mon sang se glace seulement à y penser.

Madem. BONNE.

Oh grande puissance du préjugé ! Non, Madame, vous ne devés jamais rien faire contre votre patrie ; c'est sans doute un très-grand crime. Ce n'est pas assés : vous devés tout faire pour votre patrie, & c'est pour cela que vous devés combattre sans exception tous ceux qui entreprendront de lui nuire. Cette obligation vous engage à porter les armes contre le païs qui vous a vû naître si l'intérêt de votre patrie l'exige.
Vous

Vous avés renoncé à ce païs où vous avés vû le jour; vous avés élû un autre maître : donc vous lui devés fidélité.

Lady LUCIE.

Vous me répéteriés cela cent fois, mille fois, que vous ne me convaincriés pas. L'amour de mon païs est trop enraciné dans mon cœur.

Lady VIOLENTE.

Eh bien ! ma chère, il faut y rester, & ne pas en choisir un autre. Pour moi, je comprends fort bien ce que ma Bonne nous dit, & cela me paroît conforme à la loi naturelle. Je vais, si elle le veut bien, étendre sa comparaison. Elle suppose qu'un Turc qui craint d'être empalé, quitte la Turquie, se réfugie en France, & s'y fait naturaliser. Mais si l'Empereur de Turquie avoit commandé de couper la tête à tous les habitans d'une ville, qu'ils se refugiassent en Sicile par exemple ou bien à Malthe; on ne pourroit les y recevoir comme citoyens s'il leur étoit permis de regarder encore la Turquie comme leur patrie. Ce seroit admettre des ennemis dans son sein, toûjours prêts à se ranger du parti des

des Turcs, s'ils attaquoient la Sicile ou Malthe. La même raison qui engageroit à leur refuser un asyle dans ces isles, défendroit de les recevoir dans un autre païs. Voilà donc vingt à trente mille hommes, errans, vagabons, & chassés de toute la terre sans savoir où poser le pied, à moins que nous ne les envoyons dans les déserts de l'Amérique.

Miss CHAMPETRE.

Vous raisonnés comme un Docteur, ma chère amie ; mais c'est sur une fausse supposition. Vous posés pour principe que ces gens seroient obligés de servir la Turquie contre la Sicile & Malthe ; c'est ce que nous ne prétendons point : nous voulons simplement qu'ils restent neutres.

Lady VIOLENTE.

Fort bien, Madame ! vous trouvés le moyen de les débarrasser tout d'un coup des devoirs les plus indispensables. Il est de droit naturel de défendre sa patrie, or ces gens-là manquent à ce devoir naturel : choisissés-en une pour eux, cela m'est tout-à-fait indifférent ; mais enfin, il faut qu'ils en ayent une. Si c'est la Turquie, ils doivent

vent combattre en faveur des Turcs ; si c'est Malthe, ils doivent combattre pour les Malthois. Vous savés le proverbe, ma chère, il faut qu'une porte soit ouverte ou fermée ; il n'y a point d'entre deux, car de laisser ces gens les mains dans leurs poches, pendant que les autres se battront, cela n'est pas supportable.

Madem. BONNE.

Ni juste. Ces domiciliés à Malthe tiennent une place qui seroit remplie par des citoyens ; ils consument les denrées du païs, & lui doivent leur subsistance : donc ils lui doivent aussi leur bras. Voyés-vous, Mesdames, cette matiére n'est pas fort importante pour nous autres femmes qui n'aurons jamais à combattre, puisque notre sexe nous en dispense ; mais il est de très-grande conséquence de nous convaincre de la nécessité de définir les mots. Vous n'entendiés pas bien celui de patrie, & cela vous faisoit raisonner à faux. Il est encore très-important de vous faire voir l'empire du préjugé. Vous ne pouvés vous empêcher de reconnoître l'évidence des raisons que Lady *Violente* & moi vous avons alléguées ; cependant, je suis sûre

que

que votre cœur se revolte contre la conviction, que vous êtes tentées de fermer les yeux de vôtre âme pour ne la pas voir. Or si les préjugés ont tant de force sur une matiére qui après tout ne nous intéresse point personnellement, combien auront-ils plus de force dans les choses où ils favorisent une passion dominante ? Cela sert aussi à nous faire voir qu'il ne faut pas compter sur nos décisions, puisqu'il nous arrive si souvent de décider mal. Enfin, ces petites disputes aiguisent l'esprit, vous apprennent à parler géométriquement, c'est-à-dire, à prouver ce que vous avancés, & à nous prouver à nous-même la vérité ou la fausseté de nos opinions, ce que je regarde comme un très-grand avantage. Pour achever de vous convaincre de ce que je vous ai dit en dépit du préjugé, j'employerai un autre exemple.

Le Comte de Saxe étoit né Saxon. Il quitte son païs, vient demander du service en France. Je suppose (ce que je ne sais pas) qu'il n'a aucun bien. Le Roi lui donne un emploi considérable dans ses troupes : il vit plusieurs années aux dépens de ses appointemens ; il se fait naturaliser. (Tout ceci, remarqués-le, Mesdames, est une supposition.) Un de ses amis en mourant

rant lui laisse une belle terre. On la lui dispute, sous prétexte qu'il n'est pas né François. Il répond : je le suis devenu. Le Parlement décide qu'il a raison ; il prend possession de cette terre. Au bout de dix ans, la France déclare la guerre à la Saxe, & le Roi donne au Comte le commandement d'un bataillon ; ce sujet adopté, auroit-il bonne grace de lui dire : Sire, quand je me suis fait François, c'étoit à condition de ne l'être que pour jouir des avantages accordés à vos sujets, mais non pour m'assujettir à leurs devoirs ; je serai donc François toutes les fois que ce titre pourra me procurer vos bienfaits, & Saxon quand il s'agira de la guerre contre les Saxons ? Si cet exemple n'est pas assés frappant, en voici un autre.

Vous payés, nourrissés, habillés un domestique pour vous servir. Vous entendés par-là que ce domestique prendra vos intérêts justes, pour & contre tous ; mais il a servi dans vingt maisons avant de venir dans la vôtre. Vos intérêts & ceux de ses anciens maîtres sont contradictoires ; il vous proposera d'être neutre : le souffririés-vous ?

Miss

Miss CHAMPETRE.

Si cela est, notre patrie réelle est donc celle que nous choisissons, & non celle dans laquelle nous naissons.

Madem. BONNE.

Assûrement, Madame. Si votre patrie vous est chère, si vous aimés à respirer toûjours l'air que vous avés respiré pour la première fois, restés-y comme vous l'a fort bien dit Lady *Violente*. Je la regarde alors comme votre patrie réelle, non parceque vous y êtes née, car cela ne signifie rien du tout, mais parceque vous la choisissés, & que vous participés aux avantages des citoyens. Mais si vous renoncés à ces avantages en abandonnant votre païs, celui où vous vous fixés, devient votre patrie, & vous devés y porter tous les sentimens que vous aviés pour celle que vous renoncés.

Lady SPIRITUELLE.

Il ne me reste qu'un petit embarras, ma Bonne. Vous avés blâmé la conduite de *Coriolan* : en quoi étoit-il coupable, je vous prie, si on adopte les principes que vous venés de poser ?

Ma-

Madem. BONNE.

Il étoit coupable dans ses motifs, ma chère. Il ne devoit encore rien aux Volsques; aussi ce ne fût pas pour leur rendre service, ni par amitié pour eux qu'il leur offrit son bras : ce fût seulement pour nuire aux Romains, pour se venger de leur injustice, qu'il leur fit déclarer la guerre, & résolût de détruire Rome. Or il n'est jamais permis de chercher à se venger, je ne dirai pas à un chrêtien, car *Coriolan* ne l'étoit pas, mais même à un honnête homme.

Lady CHARLOTTE.

Je suis persuadée de ce que vous nous dites; mais puisque vous trouvés avantageux pour nous de raisonner juste en nous prouvant nos idées & celles des autres, permettés-moi de vous faire encore deux objections. Je conviens qu'un homme éclairé des lumiéres de l'Evangile ne doit pas se venger, parceque Jésus-Christ le défend; mais je ne vois pas, comment la loi naturelle nous enseigne à pardonner une injure : il est au contraire très-naturel de se venger, c'est le mouvement de la pure nature.

Ma-

Madem. BONNE.

Dites-moi, ma chère : fi vous aviés offenfé cruëllement une perfonne, feriés-vous bien aife qu'elle fe vengeât en vous faifant tout le mal qui feroit en fon pouvoir ?

Lady CHARLOTTE.

Non, affûrement ! ma Bonne. Je fouhaiterois de tout mon cœur qu'elle voulût bien me pardonner ; cependant, fi elle refufoit de le faire, je ne pourrois l'accufer d'injuftice puifque j'aurois mérité ce châtiment, & que le bon ordre demande que le mal reçoive une punition.

Madem. BONNE.

Auffi cette perfonne ne feroit-elle point coupable fi elle n'avoit d'autre défir que de punir le crime fans penfer à fe venger elle-même & à fatisfaire fa haine. Un homme tuë mon père & mon mari ; je le mets en juftice, & je fouhaite qu'il foit puni. Si je le fais pour amour de la juftice, je fais une bonne œuvre ; mais fi j'agis par un fentiment de haine, je commets un crime. Conféquemment, j'ai à me plaindre de cet homme qui cherche à me faire

faire punir par reſſentiment. Quand bien même je ſerois une meurtriére, il agit contre la loi naturelle qui lui dit : ne faites pas aux autres ce que vous ne voudriés pas qu'on vous fit.

Lady CHARLOTTE.

Vous avés prévenu ma ſeconde objection, ma Bonne ; je voulois vous demander, comment on pouvoit accorder la permiſſion de pourſuivre un criminel avec ce précepte : ne faites point aux autres ce que vous ne voudriés pas qu'on vous fit ? car enfin, ma Bonne, j'aurois beau avoir commis bien de crimes, je ne voudrois pas qu'on me fit pendre ſi cela dépendoit de moi.

Madem. BONNE.

En cela vous auriés tort, ma chère. Vous devés être auſſi juſte envers vous qu'envers les autres. Je ne dis pas que ſi vous aviés commis un crime, vous dûſſiés vous accuſer, parceque vous auriés d'autres moyens de le réparer que celui d'être pendue ; mais ſi vous étiés condamnée après avoir été accuſée par un autre, vous devriés pardonner à votre accuſateur, à vos juges,

juges, & vous soûmettre à leur arrêt par amour de la justice. Je suis tentée de vous donner un exemple de ceci, & je succombe à la tentation.

Mr. *de Thou* étoit un homme de mérite, & qui possédoit une charge considérable. Mr. *de Cinqmars*, favori de *Louis* Treize, fit une conspiration contre le Cardinal *Richelieu* qui gouvernoit la France, & un traité avec l'Espagne avec laquelle on étoit en guerre, pour être soûtenu dans cette conspiration. Il communiqua le projet de cette affaire à Mr. *de Thou* qui non seulement n'y voulût point entrer, mais qui prévoyant quelle en seroit la fin, n'oublia rien pour engager son ami à y renoncer. Il se flatta de l'en avoir dissuadé, & ne crût pas à propos de trahir un homme qui lui avoit ouvert son cœur. *Cinqmars* poursuivit son entreprise qui fût découverte. Il fût arrêté, & eût la lâcheté de dire qu'il avoit fait part de son projet à Mr. *de Thou* qui fût aussi mis en prison. Il profita de cette adversité, & ne s'occupa pendant sa prison que de l'éternité. Lorsqu'il fût présenté devant ses juges, il leur dit : Vous savés, Messieurs, que j'ai une parfaite connoissance des loix, ainsi je pourrois vous chicaner ma vie, car je n'ai contre moi qu'un témoin ; mais pendant ma prison, j'ai pésé la vie & la mort, & j'ai trouvé que la mort étoit préférable à la vie. Je vous avoue donc que j'ai mérité la mort, puisque j'ai violé une des loix du royaume qui m'y condamne. Vous pouvés porter votre arrêt ; je le reconnoîtrai juste, & m'y soûmettrai de bon cœur. Il tint parole, & plein de joye de pouvoir expier toutes les fautes de sa vie par une mort honteuse, il mourût en benissant Dieu, & avec des transports de jubilation qui touchèrent tout un grand peuple qui fût spectateur de son supplice & de ses sentimens.

Lady LOUISE.

Ma Bonne, j'en reviens à ce meurtrier qui auroit tué mon père ou mon mari, ou à un calomniateur ou tout autre ennemi que je chercherois à faire punir par les loix. Comment est-il possible de ne le poursuivre que par amour de la justice, & de se préserver de tout ressentiment contre lui ? Je vous jure que cela me paroit absolument impossible.

Madem.

Madem. BONNE.

Souvenés-vous, Madame, de ces paroles de Jésus : ce qui est impossible aux hommes, ne l'est pas à Dieu. Sa grace est toûjours proportionnée à la difficulté de la chose qu'il exige. Mais qui sont ceux qui profitent de la grace de Dieu dans ces occasions si pénibles à la nature ? ceux qui se sont fait l'heureuse habitude d'en profiter pour vaincre leurs passions. Comment, une âme toute mondaine, pourra-t-elle remporter de si grandes victoires ; elle qui se refuse aux sacrifices les moins considérables ; elle dont l'unique occupation est de chercher à se satisfaire ? Soyés sûres, Mesdames, que cette âme molle n'aura pas le courage de recevoir la grace qui lui sera offerte dans ces occasions pénibles, & qu'elle succombera à la tentation.

Lady LOUISE.

Je vous jure, ma Bonne, que je comprends parfaitement, que pour être chrétienne & aller au ciel, il faut être une Sainte ; après tout, qu'est-ce donc qu'il y a de si fâcheux dans cette nécessité ?

Quand même la sainteté seroit aussi pénible à acquérir qu'elle me le paroit à présent, la vie est si courte, l'éternité est si longue. Mais je ne veux pas interrompre plus long-tems l'histoire de *Coriolan* : je vous expliquerai une foule de pensées qui me viennent à présent, ma Bonne, si vous voulés me donner un quart d'heure après la leçon.

Madem. BONNE.

J'y consens de bon cœur, Madame. Lady *Sensée*, achevés l'histoire que vous avés commencée.

Lady SENSE'E.

Le Général des Volsques étoit trop habile pour ne pas sentir tous les avantages qu'il pourroit retirer de la colére de *Coriolan* ; mais on étoit alors en paix avec Rome : on trouva un prétexte, car on en trouve toûjours quand on veut malfaire, & la guerre fût résolûe. *Coriolan* à la tête d'une armée, fit trembler les Romains, & le peuple si insolent dans la prospérité, n'eût pas le courage de s'armer pour s'opposer à un tel ennemi. On députa vers lui les Sénateurs qui avoient été ses amis, & il les reçût fort bien comme tels ; mais lorsqu'ils voulûrent lui parler de paix, il répondit qu'elle dépendoit des Volsques, & qu'ils ne la feroient qu'au moment où les Romains rendroient aux peuples d'Italie, toutes les terres qu'ils leur avoient enlévées. C'étoit réduire Rome à bien peu de chose ; aussi cette réponse augmenta la consternation dans la ville. On députa vers *Coriolan* tous les ministres de la réligion ; & lorsqu'on sût qu'il s'étoit borné à leur rendre les devoirs qu'il devoit à leur caractère sans vouloir adoucir ses propositions, le désespoir s'empara de tous les cœurs. Alors une Dame Romaine se léva & dit : c'est aux femmes à qui les Dieux réservent la gloire de sauver Rome. Elle marcha aussi-tôt vers la mère de *Coriolan*, & la détermina à se mettre à la tête des Romaines pour fléchir son fils. On étoit si persuadé de la probité de *Coriolan*, qu'on ne craignit pas de remettre entre ses mains ce que l'on avoit de plus précieux. . . .

Miss SOPHIE.

Et comment, ces stupides animaux qui étoient si persuadés de la probité de *Coriolan*,

lan, ne prenoient-ils pas leurs Tribuns, & ne les lui envoyoient-ils pas la corde au col, pied & poingt liés ?

Madem. BONNE.

Cette réflexion est toute naturelle ; mais elle ne vint point aux Romains, & vous verrés bientôt qu'ils firent des sottises encore plus considérables. Les préjugés nationnaux offusquoient leur raison, & ils ne sont pas les seuls auxquels ils font faire des sottises. Continués, Lady *Sensée*.

Lady SENSE'E.

Les Volsques fûrent très-surpris lorsqu'ils virent sortir de Rome une longue suite de chariots qui venoient droit à leur camp. A peine eut-on appris que *Véturie* étoit à la tête de toutes les Dames dans ces chariots, que *Coriolan* se précipita hors de sa tente pour embrasser sa mère ; mais aussi-tôt qu'il fût à portée de l'entendre, elle s'écria : arrête *Coriolan !* je ne puis embrasser comme mon fils l'ennemi de Rome. Ma mère, lui répondit *Coriolan*, quittés cette ingrate partie, & venés habiter parmi des peuples qui savent connoître & chérir la vertu. Cette Dame alors lui
re-

représenta tout ce qui pouvoit lui donner horreur de la démarche qu'il avoit faite, & finit en lui disant : Achéve ton ouvrage ; viens mettre à feu & à sang la terre qui t'a vû naître ; livre aux ennemis les tombeaux de tes ancêtres. Mais avant d'entrer à Rome, il faudra fouler aux pieds ton infortunée mère, car je me coucherai à la porte de cette ville, & il faudra que tu passes sur mon corps, avant de t'en rendre le maître. *Coriolan* ne pût résister à ces paroles, il s'écria : vous avés vaincû, ma mère ; mais il en coûtera la vie à votre fils. Effectivement, il engagea les Volsques à faire la paix, & se retira chés eux, où quelque tems après le Général de ce peuple le fit assassiner.

Lady SPIRITUELLE.

Vous aviés raison, ma Bonne, de dire que les préjugés nationaux obscurcissoient les lumiéres naturelles chés les Romains. Vous auriés dû ajoûter, ma Bonne, qu'ils étouffoient les sentimens naturels au point de rendre ce peuple haïssable. Quelle horrible conduite que celle de *Véturie* !

Miss CHAMPETRE.

Auriés-vous voulû, Madame, qu'elle eût laissé périr Rome pour sauver son coupable fils ?

Lady SPIRITUELLE.

Non, ma chère. J'aurois voulû qu'elle fût juste, & qu'elle eût concilié ce qu'elle devoit à la nature & à son païs : elle en avoit une si belle occasion. N'est-il pas vrai que les Tribuns de Rome étoient des pestes publiques ? N'est-il pas vrai que *Coriolan* étoit innocent ? N'est-il pas vrai que les Tribuns & le peuple étoient si effrayés à l'approche de *Coriolan*, qu'ils se fûssent soûmis à tout ce qu'on eût pû exiger d'eux ? Voici donc ce que j'aurois fait dans une pareille occurrence si j'eûsse été à la place de *Véturie*. J'aurois consenti à leur rendre le service qu'on exigeoit d'elle à condition d'abolir le Tribunat, de punir ceux qui avoient injustement condamné son fils, de lui restituer sa réputation, sa place & ses biens. Toutes ces demandes étoient justes, & on n'étoit pas en état de lui rien refuser. Par ce moyen elle eût sauvé Rome & son fils tout à la fois.

Madem. BONNE.

On ne peut rien ajoûter à votre décision, ma chère. Nous reprendrons l'histoire Romaine la premiére fois, & nous allons continuer celle de Madame *du Pleſſis*; mais, Mesdames, je ne vous en dirai que ce qui peut convenir à votre état, & encore fort en abrégé : les états extraordinaires par lesquels il plût à Dieu de la faire passer, ne sont pas à votre portée.

Lady LOUISE.

Pourquoi ne nous pas édifier de tout ce que vous en savés, ma Bonne? Peut-on avoir de trop bons exemples à suivre? Nous en voyons tous les jours tant de mauvais.

Madem. BONNE.

Je ne vous tairai rien, Mesdames, de tout ce que vous pourrés imiter ; mais Jésus nous avertit lui-même qu'il y a plusieurs démeures dans la maison du père céleste. Nous sommes toutes appellées à la sainteté, c'est-à-dire, à la pratique de tous les préceptes de l'Evangile ; mais tous ne sont pas appellés à la perfection, c'est-à-dire, à-dire, à la pratique des conseils. Ils deviennent nécessaires au salut de ceux que Dieu y appelle. Telle étoit Madame *du Plessis*. La fidélité à suivre ces conseils, lui attira les graces les plus relévées. Nous ne devons pas y prétendre, les souhaiter même ; il suffit de nous abandonner à la volonté de Dieu pour lui obéïr sans réserve dans tout ce qu'il demandera de nous. S'il nous veut dans l'observation des conseils de l'Evangile, c'est-à-dire, dans la perfection, il saura bien nous le faire connoître. D'ailleurs, Mesdames, ces états extraordinaires par lesquels il conduisit notre sainte Dame, ne seroient propres qu'à exciter la risée des gens du monde qui ne peuvent comprendre tout ce qui choque la chair & passe les sens. Une autre raison m'arrête : des jeunes personnes qui ont l'imagination extrêmement vive, peuvent aisément se faire illusion. Quelques momens de dévotion sensible pourroient leur persuader qu'elles sont arrivées à cet heureux état dont elles auroient entendu parler, & cela conduit aisément à la vanité, au fanatisme, & quelquefois même à la folie.

Lady

Lady LUCIE.

Mais ne pourrions-nous pas favoir au moins ce que vous appelles des graces extraordinaires, & auxquelles il ne faut pas prétendre ? J'ai crû jufqu'à ce jour qu'il n'y avoit point de graces qu'un chrétien ne dût fouhaiter.

Madem. BONNE.

Il y a de deux fortes de graces, Mefdames : celles qui nous aident à nous fanctifier, & celles-là nous pouvons les demander fans méfure ; je m'explique. Un chrétien qui veut aller au ciel, doit demander à Dieu la patience dans tous les maux qu'il lui plaira de lui envoyer ; mais il n'appartient qu'aux âmes parfaites de fouhaiter les croix, d'en demander à Dieu. Un chrétien pénétré du repentir de fes péchés, & par conféquent du peu qu'il vaut comme pécheur, doit fe foûmettre à être méprifé lorfque Dieu lui envoyera ce moyen de fatisfaire à fes fautes ; mais les âmes parfaites cherchent le mépris, en demandent à Dieu, & ne laiffent échapper aucune occafion d'être méprifées : c'eft une confolation infinie pour elles, &

il leur semble qu'à mesure qu'elles sont méprisées, le poid de la confusion éternelle qu'elles ont mérité, diminuë. Un chrêtien est obligé de se détacher des richesses, d'en faire part aux pauvres; pour cela, il retranche une partie de l'argent destiné à ses plaisirs. Le parfait qui cherche à se rendre semblable à Jésus autant que sa nature imparfaite le lui permet, se fait pauvre lui-même, & attend de la providence le pain de châque jour. Il ne destine rien pour les plaisirs du monde, car il n'en connoit plus d'autre que celui d'être uni à son Dieu. Le chrêtien doit se soûmettre à la maladie, au froid, au chaud, & à toutes les autres miséres de la vie; il doit se retrancher souvent des plaisirs innocens parcequ'ils sont proches du chemin des plaisirs criminels, parcequ'il doit prendre l'habitude de se géner & de se contraindre dans les choses permises, afin de pouvoir le faire dans les choses défenduës quand l'occasion s'en présentera; il doit avoir toûjours la balance en main pour ce qu'il accorde à son corps, parcequ'une chair satisfaite se revolte, parcequ'il ne peut chercher à se procurer toutes ses aises & ses commodités sans se mettre en danger d'employer à cet usage ce qui de-

devroit appartenir aux pauvres. Le parfait pénétré du mal que son corps a fait à son âme, le hait, lui donne ses besoins à regret, est charmé de le voir souffrir, se rejouït en pensant à la déstruction de ce corps qui est l'ennemi de Dieu. Les suites de cette fidélité à tendre à ce qu'il y a de plus parfait, sont: une union intime avec Dieu dont on sent la présence actuelle; une soif ardente de la priére dont ces saintes âmes ont une peine infinie à s'arracher; des graces extraordinaires dans la priére où il plait quelquefois à Dieu de se manifester à eux autant que de foibles créatures en sont capables; des tentations violentes dont il plait au Seigneur de les éprouver en leur cachant absolument le sentiment de la grace qui règne dans leurs âmes; des pensées de découragement, de désespoir, de vanité, & d'autres encore plus insupportables à des âmes pures; enfin, des dons extraordinaires, comme celui de prophétie, la connoissance de l'intérieur des personnes auxquelles elles peuvent être utiles, des visions, des révélations. Remarqués, Mesdames, que les parfaits loin de souhaiter ces derniéres graces, les craignent beaucoup, car il est

dan-

dangéreux de donner dans l'illusion ou la vanité sur ce sujet.

Lady LUCIE.

Je vous assûre, ma Bonne, que je connois une Dame qui est actuëllement dans cette union avec Dieu dont vous venés de parler. Elle est, comme elle me l'a dit elle-même, unie à Jésus comme le cep l'est à la vigne ; elle ne craint plus d'en être séparée, & est sûre de sa régénération.

Madem. BONNE.

Je connois cette Dame, c'est Mylady H***. Elle a fait part à tant de personnes de son état de perfection prétenduë, que cela est venu jusqu'à moi. Mais aprenés, ma chère, & s'il se peut, ne l'oubliés jamais que les vrais parfaits ont autant de répugnance à parler des graces que Dieu leur fait, que celle-là a de plaisir à étaler à propos & hors de propos, celles qu'elle s'imagine recevoir. Aprenés encore, que personne dans cette vie n'est assûré de sa régénération, & de ne point perdre la grace. Les plus grands Saints ont tremblé, & St. *Paul* à la sainteté duquel j'ai plus de foi qu'à celle de Lady H***,

H***, trembloit dans la crainte d'être reprouvé. Apprenés enfin, que cette Dame qui est Méthodiste, s'écarte de la créance commune de son église, fait secte à part, se retire de la direction des évêques pour suivre des docteurs particuliers, ce qui est une marque certaine de l'illusion. Remarqués encore, que celles qui suivent cette secte, sont pour la plus-part orgueilleuses, qu'elles méprisent les autres, qu'elles sont médisantes, aiment leurs aises & leurs commodités. Ce n'est point là, la vie des parfaits ; un seul de ces défauts suffit pour faire connoître l'esprit qui les meut, & certainement ce n'est point l'esprit de Dieu.

Lady LOUISE.

J'ai une objection à vous faire bien différente de la pensée de Lady *Lucie* ; c'est que je regarde tout ce que l'on rapporte de ces graces extraordinaires comme de belles imaginations : c'est qu'autant que je trouve raisonnable de souffrir les maux que Dieu nous envoye, autant je trouve ridicule cette haine de son corps & ce soin de lui retrancher ses aises quand on peut se les donner sans blesser aucun de ses devoirs,

voirs. Pardonnés-moi ma franchife, ma Bonne : je vous dis ma penfée ; mais je ne fuis point obftinée dans ma penfée, & fuis toute prête à y renoncer fi vous me prouvés que j'ai tort.

Madem. BONNE.

C'eft tout ce qu'on peut exiger de vous, ma chère Lady. Les chofes extraordinaires dans l'ordre de la grace ne font pas de mode, j'en conviens : en parler, paroître y ajoûter foi, c'eft fe ranger dans la claffe des femmelettes & des efprits foibles felon les gens du monde. Pauvres atômes ! le bras de Dieu eft-il raccourci ? Celui qui n'a pas dédaigné de parler familiérement à *Noé*, *Abraham*, *Moïfe* & aux autres grands hommes dans l'ancienne loi ; celui qui s'eft manifefté à *Paul*, à *Philippe*, & à tant d'autres dans la nouvelle, a-t-il reftraint fes bontés à de certains tems ? Les âmes auxquelles Dieu fe communique, confervent fes faveurs dans le plus intime de leur cœur. Le monde les ignore ; mais ce n'eft pas une preuve de leur non-exiftence. Effayés, Madame, à bien accomplir les préceptes Evangéliques ; peut-être vous fera-t-il la grace de

vous

vous appeller à la pratique des conseils, & alors vous connoîtrés par expérience que ce que Dieu a fait autrefois, il le fait encore aujourd'hui. Reprenons la vie de Madame *du Plessis*.

J'ai laissé Madame *du Plessis* toute occupée de la priére, qu'elle n'interrompoit que pour pratiquer des œuvres de charité. Un devoir vint l'arracher à une vie si heureuse. Son mari l'avoit fait tutrice de ses enfans ; il falloit conserver leur bien contre l'injustice & l'usurpation. Madame *du Plessis* après avoir fait tout ce que la charité chrêtienne lui pût suggérer pour éviter un procès, fût forcée de plaider. Alors elle abandonna sans murmurer sa retraite, se priva de plusieurs heures de méditation & de lectures saintes, pour habiter l'antichambre de son rapporteur & de ses juges, & la chambre de son avocat & de son procureur. Elle passoit une grande partie de la journée à l'emploi dégoûtant d'examiner des papiers, des titres, & le faisoit avec une grande répugnance de la nature, & une parfaite soûmission à la providence qui la chargeoit de cette occupation. Dieu ne peut être vaincû en libéralités. Notre sainte Dame lui sacrifioit le bonheur qu'elle avoit goûté dans la priére;

il lui fit sentir sa présence d'une manière plus sensible dans l'exercice de ses devoirs, ensorte qu'elle n'a jamais prié avec plus de recueillement & d'attention que dans les antichambres qui devenoient pour elle des temples où son créateur se manifestoit à elle.

Lady CHARLOTTE.

Il me vint une curiosité, ma Bonne. Comment a-t-on pû savoir ces choses qui se passoient entre Dieu & Madame *du Plessis*? Vous nous avés dit que les Saints ne parlent jamais des graces que Dieu leur fait : elle a donc manqué à cette régle.

Madem. BONNE.

Non, Madame; elle avoit une estime très-grande pour un ecclésiastique qui étoit véritablement un Saint, & elle le consultoit sur les affaires de sa conscience. Il lui dit un jour que pour la conduire sûrement, il avoit besoin de la connoître à fond, qu'il n'avoit pas assés de tems pour l'entendre, & qu'ainsi il la prioit de lui écrire ce qu'elle auroit à lui communiquer. Cet honnête homme garda précieusement ces écrits, & après sa mort me chargea de les

les copier, parceque je connoissois son écriture qui étoit fort mauvaise. J'ai été témoin de beaucoup de ses actions; je l'ai souvent questionné pour m'édifier, & enfin, une fille vertueuse qui avoit vecû plusieurs années avec elle, m'a fait part de ses remarques. Continuons.

Madame *du Plessis* ayant gagné ses procès, retira ses filles chés elle, par le conseil de l'ecclésiastique dont nous avons parlé, car il étoit persuadé qu'elle étoit plus capable de les bien élever que personne. On s'attendoit que ses trois filles la mettroient dans la nécessité de revoir e monde pour les accompagner dans les compagnies. On le lui proposa : elle répondit courageusement qu'elle ne les avoit pas reçûes de la main de Dieu pour en faire des mondaines, mais des habitantes du ciel. Elles sont mortes toutes les trois sans connoître les assemblées, les bals, les spectacles. . . . .

Miss SOPHIE.

De chagrin sans doute ? Oh ! que je plains ces pauvres filles ! Elles ont dû bien s'ennuyer avec une telle mère.

Madem.

Madem. BONNE.

Si vous ne m'eûssiés point interrompue, j'allois ajoûter qu'elles étoient mortes sans souhaiter même ces plaisirs. Avant d'être en âge de les goûter, leur sainte mère leur en avoit démontré le vuide & le danger, & elles choisirent elles-mêmes la retraite dans laquelle elles ont toûjours vécû. Loin de trouver leur mère ennuyeuse, elles n'avoient pas un moment de repos lorsqu'elles en étoient séparées, ce qui étoit rare, car elle sacrifioit le goût de la priére au soin d'amuser ses enfans, & de vivre avec eux. Mais je vous dois le portrait de ses filles, après quoi je vous apprendrai quelles étoient leurs occupations journaliéres. L'ainée qu'on appelloit Mademoiselle *du Plessis*, & que j'ai connûe, étoit ce que l'on appelle une bonne fille, sans malice & sans esprit: elle portoit une de ses figures qu'on voit cent fois sans y trouver ni bien ni mal. Mademoiselle *d'Enfreville*, la seconde, étoit extrêmement jolie sans être réguliérement belle: elle avoit tout l'esprit de sa mère; mais sa vivacité faisoit tort à son jugement. La piété en la mûrissant avant le tems, la rendit une fille accomplie. Elle avoit le

cœur

cœur excellent, beaucoup de goût pour les plaisirs & le grand monde. La crainte de s'y perdre, détruisit ce goût, non qu'elle eût dessein d'y renoncer ; seulement vouloit-elle attendre avant de s'exposer, le tems où elle seroit bien fortifiée dans la grace. Mademoiselle *Puchot*, la troisiéme, eût été fort bien ; mais la petite vérole lui avoit laissé des yeux rouges & dégoûtans. Celle-là avoit un esprit supérieur, & ce qui en est presque toûjours inséparable, des passions fougueuses. Des réflexions sérieuses sur son caractère, lui firent naître le désir de mettre une barriére insurmontable entre elle & les objets de ses passions. A quatorze ans, elle déclara à sa mère qu'elle vouloit être Carmélite, c'est-à-dire, se faire Réligieuse dans une maison très-austére & entiérement séparée du monde. Madame *du Plessis* lui répondit qu'elle auroit plus de plaisir de voir une de ses filles consacrée à Dieu, que de la savoir sur un trône, lui donna permission de vivre aussi retirée chés elle que dans un cloître, & finit en lui disant qu'elle ne permettroit jamais à aucune de ses filles de se faire Réligieuse avant vingt cinq ans, parceque cet état sortant de la vocation commune

mune qui est le mariage, devoit être examiné à loisir, & embrassé dans l'âge mr.

Miss CHAMPETRE.

Je commence à avoir bonne opinion de la dévotion de Madame *du Plessis*. Elle ne se croyoit pas autorisée à disposer du sort de ses enfans selon ses goûts, & malgré sa grande piété consultoit la prudence.

Madem. BONNE.

Votre remarque est très-juste, Madame, & notre sainte Dame fit voir dans une occasion beaucoup plus délicate qu'elle savoit s'oublier elle-même quand il étoit question de pourvoir ses enfans. Je vous ai dit que la seule crainte des dangers du monde en éloignoit Mademoiselle *d'Enfreville* qui l'aimoit beaucoup. Elle n'avoit que dix-huit ans lorsqu'elle fût demandée par un homme extrêmement riche ; c'étoit une personne de probité selon le siécle, mais très-repandu. Madame *du Plessis* frémit depuis la tête jusqu'aux pieds en jettant un coup d'œil sur la dissipation où ce mariage jetteroit sa

fille

fille chérie, car c'etoit celle qu'elle aimoit le mieux. Cependant, elle n'avoit point recherché cet établissement : la providence avoit peut-être des vûës sur sa fille qu'elle ignoroit ; elle devoit donc abandonner le soin de cette affaire au Seigneur. Elle fût se prosterner devant lui pour le conjurer d'avoir soin du salut de cette pauvre enfant, renferma toutes ces craintes au fond de son cœur, & ayant fait venir sa fille, lui exposa l'affaire dont il étoit question. Elle lui représenta que la coûtume de Normandie réduisant les filles à leur légitime, elle n'avoit pas lieu d'espérer un si bon parti. Elle lui exposa les bonnes qualités du Cavalier, la réputation qu'il s'étoit acquise dans le monde, & sût si bien lui cacher ses frayeurs, que sa fille crût qu'elle souhaitoit passionnément cette alliance, & n'osa lui déclarer tout à coup sa résolution : elle se contenta de lui demander vingt quatre heures pour prier & réflêchir, & la laissa dans la crainte qu'elle ne fût tentée d'une fortune si brillante. Le lendemain Mademoiselle d'*Enfreville* lui dit en tremblant, qu'elle aimeroit mieux mourir que de lui déplaire, que cependant, si elle la laissoit maîtresse de son sort, elle souhaitoit ne se marier

marier qu'a vingt deux ans. Madame *du Pleſſis* renferma ſa joye à cette réponſe, auſſi bien qu'elle avoit fait ſa crainte, & ſa fille eſt morte ſans avoir ſû les différens ſentimens qu'elle avoit éprouvé en cette occaſion.

Miſs SOPHIE.

S'il y avoit bien des dévotes de ce caractère, cela me reconcilieroit avec la dévotion ; mais toutes celles que j'ai connû, étoient hargneuſes, médiſantes, contrôlant tout, blâmant tout, & ſe faiſant un plaiſir de contrarier les goûts les plus innocens. Vous nous avés promis un Magaſin pour les pauvres, ma Bonne ; vous devriés nous en donner un pour les dévotes, afin qu'elles appriſſent à l'être dans le goût de Madame *du Pleſſis*.

Madem. BONNE.

Les vrayes dévotes n'en auroient pas beſoin. Comme elles ont le même modéle qui eſt Jéſus-Chriſt, elles ſe reſſemblent toutes. Mais j'avoue que les fauſſes dévotes auroient grand beſoin d'être éclairées. Je penſerai à cela quelque jour. Il faut un peu égayer la fin de notre

notre leçon, en vous racontant un conte de fée de ma façon. Je vous dirai en vous le faisant ce qui m'a fait naître l'idée de le composer. Il est un peu philosophique, je vous en avertis.

Lady MARY.

Tant mieux, ma Bonne; car ceux qui m'amusoient il y a quelques années, pourroient fort bien produire aujourd'hui un effet tout contraire.

Madem. BONNE.

Dans le royaume de Lutésie, *Aris* & *Mithra* règnoient pour le bonheur de leurs sujets. *Aris* se regardoit comme le père d'une nombreuse famille à laquelle il étoit redevable de tous ses momens. Il se croyoit chargé par les Dieux, du soin de procurer la sûreté du dernier de ses sujets, comme du plus illustre. Ils sont tous mes enfans, disoit-il; si quelque prédilection m'est permise, c'est en faveur des pauvres & des misérables. Tel un père tendre porte dans ses bras son fils infirme, & laisse à celui qui est robuste, la fatigue d'un chemin pénible. *Mithra* en unissant son sort à celui d'*Aris*, avoit moins pensé à s'associer à la souveraine puissance, qu'à l'excessive tendresse qu'il avoit pour son peuple ; & pendant que son illustre époux s'occupoit à reprimer le vice, à punir l'injustice, *Mithra* donnoit tous ses soins à les diminuer. Son exemple avoit forcé le crime à chercher les ténébres ; on ne rougissoit plus d'être vertueux : ceux qui ne l'étoient pas, se paroient du moins des dehors de la vertu. Il y avoit donc un grand nombre d'hypocrites à la cour, dit mon lecteur ; j'aimerois mieux qu'elle fût remplie de méchans connûs pour tels. Je ne suis pas tout à fait de ce sentiment : l'homme est un animal sur lequel l'habitude a beaucoup d'empire. Les grands de Lutésie à force de parler & d'agir comme d'honnêtes gens, le devinrent insensiblement. Ainsi *Tarquinius* qui avoit joué l'homme vertueux pour parvenir au trône, n'eût jamais la force de changer l'habitude qu'il avoit prise de faire le bien ; il resta honnête homme par paresse, ou plûtôt il le devint réellement. Les actes réitérés qu'il avoit faits, avoient tellement plié les fibres de son cerveau vers les objets louables, qu'il eût fallû de violens efforts pour les replier du sens opposé. Il pésa les difficultés

ficultés qu'il trouveroit dans ce travail, avec celles qu'il auroit à redresser son intention. Ce dernier ouvrage lui parût plus aisé que l'autre ; il l'entreprit. Mais je suppose que les grands démeurent hypocrites, c'est à dire, qu'ils fassent le bien physique sans parvenir jusqu'au moral ; il n'y a qu'eux qui y perdent. Les canaux qui distribuent l'eau dans un jardin, le fertilisent ; quoique ces canaux démeurent secs & pleins de bouë, le jardin n'en souffre aucun préjudice. Ainsi l'homme de qualité vertueux par respect humain, démeure vuide des vertus qu'il excite chés le peuple qui de sa nature est imitateur.

Avancés, je vous en conjure, me dit une lectrice avide de faits ; vos réflexions m'ennuyent : si vous continués sur ce ton, nous ne verrons jamais la fin de votre conte.

Si mes réflexions vous ennuyent, elles m'amusent, & mon premier motif en écrivant, est ma satisfaction : vous êtes la maîtresse de les passer ; mais vos criailleries, vos baillemens, ne m'en feront pas rabattre une syllabe. N'allés pourtant pas croire que ce soit un guet appens : je ne réfléchis pas de propos délibéré ; ce n'étoit pas là mon intention en prenant la plume.

Quand je la tiens, elle ne peut se refuser à tout ce qui me vient dans l'esprit. Mais à propos de mon intention, je ne vous en ai pas dit un mot ; j'ai oublié l'avertissement. Il en faut un pourtant, à quelque chose malheur est bon. Si je l'eûsse mis au commencement, vous l'eûssiés passé, & vous n'auriés pas daigné ouvrir la feuille. L'ouvrage est fait à présent, c'est une tentation pour le lire ; cependant, elle pourroit fort bien n'être pas suffisante pour lui donner plus de poids. Je vous avertis que ce conte a besoin d'un avertissement pour être lû avec plaisir : passés-le à présent si vous l'osés.

Un honnête homme dont je ne sais pas le nom, est devenu auteur par gageure : il a promis de payer six guinées s'il ne fournissoit un volume en six jours. Le terme etoit court, aussi n'a-t-il trouvé que le tems d'écrire ; & il a eû la bonne foi d'avertir le lecteur qu'il n'avoit lû son ouvrage qu'en corrigeant les épreuves. Je lui fais gré de sa franchise ; mais elle étoit inutile : j'aurois gagé aussi en lisant le livre, que l'auteur ne l'avoit pas relû après l'avoir écrit. Cependant, nouveau Pigmalion, il s'est passionné pour son ouvrage; il a juré par le styx d'enrichir

son

son libraire. La chose est probable. Une centaine de bonnes maximes jettées par ci par là : une obscénité imparfaite, parceque notre homme est encore scrupuleux ; mais on prévoit qu'il se corrigera de cette foiblesse. Nul ordre, nulle liaison, nulle nécessité dans la suite des événemens, c'est un genre d'écrire assés à la mode aujourd'hui. Pour moi qui n'ait pas de penchant à la suivre, j'ai pris la liberté de trouver son livre ridicule. A cette premiére liberté, j'en ajoûte une autre, c'est de m'approprier son titre, une partie de son plan, & d'en faire quelque chose de mieux. Il arrivera peut-être que je ne ferai rien qui vaille ; je souhaite que l'auteur du titre trouve un vengeur. Le moyen d'être heureux, voilà ce qu'on trouve à la tête du conte : ce titre intéresse le genre humain. J'exhorte tous ceux qui aiment l'humanité à travailler sur ce plan, se je ne le remplis pas à leur fantaisie ; Public y gagnera.

Pour la singularité du fait, il faudroit fourrer à cet endroit une épître dédicatoire, car j'avoue que je l'ai oublié aussi bien que l'avertissement ; mais j'ai pitié des lecteurs : je veux leur laisser prendre haleine.

leine. L'épître trouvera sa place ; si ce n'est au milieu, ce sera à la fin.

Lady SPIRITUELLE.

Il faut avouer, ma Bonne, que vous êtes honnêtement méchante ; comme vous avés accommodé ce pauvre auteur !

Madem. BONNE.

C'est une folie de Lady *Sensée*. Elle avoit été charmée d'un vers qui étoit à la tête de l'ouvrage, & que voici :

Du bonheur que l'on fait, le nôtre naît toûjours.

Elle mouroit d'envie de lire l'ouvrage. Après l'avoir examiné, je lui signifiai qu'il falloit en faire le sacrifice parcequ'il ne valoit rien. Le titre l'avoit si fort enchantée, qu'elle se mit de mauvaise humeur contre l'auteur & presque contre moi. Elle me protesta qu'elle ne pouvoit me pardonner le chagrin que je lui causois qu'à une condition, & c'étoit de remplir moi-même le titre : elle m'apporta du papier, me mit la plume à la main, & prétendoit que d'un trait de plume je lui fisse un volume. Moi dont la manie est d'aimer à écrire en bref, je ne pûs lui pro-

promettre qu'une douzaine de pages tout au plus. Elle s'obstina à en vouloir d'avantage : il fallût donc, bongré, malgré, fourrer des réflexions, des conversations, & je remplis ma tâche ; mais ce qu'il y a de risible, & dont je ne m'apperçûs qu'après avoir fini, c'est que la tête pleine de nos leçons, je ne fis rien de ce que je m'étois proposé, & mon conte n'étoit bon qu'à prouver que l'éducation forme tellement notre caractère, qu'elle peut le rendre méconnoissable. Il fallût pourtant qu'elle s'en contentât, tel qu'il étoit ; & pour me punir de ne lui avoir pas obéi à la lettre, elle me condamna à vous le lire. Voilà toute l'histoire de mon conte qui est tout aussi mal-tournée que le conte même.

Lady LUCIE.

J'avoue, ma Bonne, que le titre étoit beau ; mais je suis persuadée que ce que vous avés fait, nous sera aussi utile pour le moins : ainsi, ma Bonne, nous vous prions de nous finir la lecture de ce conte avec toutes ces additions.

Madem. BONNE.

Ce sera pour la première fois, Madame ; il est tems de nous séparer. Lady *Louise*, je veux vous dire un mot.

CONVERSATION PARTICULIÉRE.

Madem. BONNE. *Lady* LOUISE.

Madem. BONNE.

Vous avés souhaité de me parler en particulier, Madame : me voici à vos ordres.

Lady LOUISE.

Je vous suis bien obligée, ma Bonne ; mais je ne sais si j'aurai le courage de vous dire tout ce qui m'est venu dans l'esprit. Je le ferois bien plus volontiers si j'étois sûre que vous voulussiés me dire positivement, que je suis folle ; mais je le deviendrai

drai à coup sûr si vous avés la cruauté de me dire que j'ai raison. Si quelqu'un m'entendoit, il diroit que je la suis déjà. Je vais vous expliquer cette énigme.

Je suis fatiguée de lutter contre Dieu, & cependant, je ne me sens pas déterminée à lui obéir. Le monde me plaît & me tourmente : j'en voudrois goûter les plaisirs ; je ne veux pas participer à ses souillures. C'est un ouvrage si pénible d'être toûjours la balance à la main pour péser jusqu'à quel point un tel plaisir peut être permis ! La gayeté touche à la dissipation, une parure convenable au luxe, la politesse à la galanterie, l'amitié à l'attachement excessif, ce que l'on doit à son rang, à l'orgueil ; en un mot, tout est péril, danger, fatigue. Si j'étois fille, je suis si excédée que je prendrois le parti de renoncer à tout pour n'avoir plus tout à combattre ; mais malheureusement, cela n'est plus en ma disposition. Qui croiroit en me voyant que je suis si misérable ? car enfin, j'ai pour époux le plus honnête homme du monde : j'en suis aimée autant que je l'aime, & c'est dire beaucoup. Je joüis d'une bonne réputation ; j'ai de la santé, de reste ; je vis au milieu d'une famille que j'ai toûjours aimée ; mon respectable père augmente châque jour de tendresse pour moi. Que de biens ! & cependant, que je suis éloignée d'être heureuse ! Je parviens quelque fois à me faire illusion pendant huit jours, & à force de me dire que je suis contente, je crois l'être ; mais cette erreur est rapide : rentrée en moi-même, j'y retrouve un vuide affreux ; l'inutilité de ma vie me glace le sang ; l'éternité se rapproche, & je souffre des angoisses qui me forceroient à renoncer absolument au monde, si ce que je devois à mon époux, ne me retenoit pas.

Madem. BONNE.

Adorés la miséricorde de Dieu à votre égard, Madame. Il frotte de fiel pour vous les mammelles de la prostituée de Babylone; mais ce n'est pas assés de gémir sur votre état, ma chère : il faut essayer de le changer. Le trouble que vous ressentés, est un effet de sa grace que vous devés ménager sans toutefois vous abandonner au découragement. Je vais vous parler, Madame, avec toute la sincérité que l'amitié sincére exige. Vous tenés trop au monde ; vous l'aimés trop, ma chère Lady. Remarmarqués que je ne dis pas encore que vous y vivés trop ; je n'ai point assés examiné votre position pour rien décider à cet égard.

Lady LOUISE.

Et peut-on vivre à mon âge dans le monde sans l'aimer, sans s'y attacher ? Il faudroit des graces bien particuliéres pour y vivre en voyageuses, comme dit St. *Paul*, & ces graces sont la suite de la fidélité à répondre à celles que Dieu me fait tous les jours, auxquelles je ne correspond pas.

Madem. BONNE.

J'en ai besoin d'une grande pour vous répondre en ce moment. Je marche entre deux extrêmités également dangéreuses : une trop grande sévérité propre à faire naître le scrupule, & le relâchement. Oh, mon Dieu ! donnés-moi votre Saint Esprit. Apprenés-moi ce que vous voulés de cette âme rachetée de votre sang ; & en le lui découvrant, donnés-lui le courage de vous obéir.

Il est certain, Madame, qu'une vie toute molle, toute charnelle, est opposée

à

à l'esprit de l'Evangile. Il est certain que vous êtes comme accablée des moyens de vous perdre : santé, jeunesse, réputation ; une sorte de nécessité d'avoir une bonne table, une équipage brillant, des habits magnifiques : vos richesses vous en imposent la loi. Où trouver dans ce genre de vie les moyens de pratiquer les préceptes de l'Evangile ? Cela est possible pourtant ; des Rois se sont sanctifiés dans la pourpre. Mais il faut avouer que votre vie doit être plus pénible que cette de la Réligieuse la plus austére. Un grand sacrifice qu'elle fait en une fois, lui ôte les moyens de se perdre, & les tentations qui vous restent. Aussi les Saints ne font-ils point de difficultés d'appeller la vie chrétienne un martyre perpétuel.

Lady LOUISE.

Si vous n'aviés pas réveillé ma conscience à cet égard, ma Bonne, je vivrois dans la plus grande sécurité, comme les personnes qui m'environnent & qui sont très-contentes d'elles-mêmes ; car enfin, ma vie est fort innocente & exemplaire selon le monde. On fait exactement la priére chés moi ; j'y assiste avec

avec tous mes domestiques : je ne manque point à la paroisse, & j'ai soin qu'ils y aillent ; je donne l'aumône ; je n'aime que mon mari, & je cherche à lui plaire ; je suis par la grâce de Dieu exempte des vices grossiers, & cependant, je sens que Dieu n'est pas content de moi ; je sens ....Oh ! devines-moi, je vous en conjure : vous le savés, ma Bonne, je n'ai que l'Evangile & vous. Un ministre à qui je laissai échapper l'autre jour quelques-unes de mes peines, me rit au nés, & voulût me persuader que j'étois une Sainte. Heureusement, ma conscience me dit trop que j'en suis éloignée pour pouvoir recevoir de la vanité de son compliment.

Madem. BONNE.

Puisque vous avés l'Evangile, Madame, que puis-je vous dire ? Avés-vous besoin de mes conseils ?

Lady LOUISE.

Je ne distingue jamais nettement le conseil du précepte, & c'est ce qui m'inquiéte ; ou plûtôt, ma Bonne, je sens que je cherche à être tranquillisée sur bien des choses que je déciderois moi-même aisément.

Madem. BONNE.

Je ne veux point vous tranquilliser mal à propos, Madame. Votre vie, telle que vous me l'avés dépeinte, vous rend une Sainte par comparaison. Cependant, je ne crois pas cette sainteté-là d'un poids très sûr pour aller au ciel; il faut faire quelque chose de plus.

Lady LOUISE.

C'est ce que je disois tantôt, ma Bonne; la vie est si courte, l'éternité si longue: il faut tout risquer. Mon mari, mon père, mes parens, le monde se fâcheront s'ils veulent; il vaut mieux leur déplaire que d'être damnée: je vais me séparer absolument du monde.

Madem. BONNE.

Autre tentation, ma chère Lady! Vous ne feriés pas votre salut en manquant aux devoirs de votre état. Il faut sanctifier
ce

ce que vous faites, & sacrifier ce qui ne peut être sanctifié.

Lady LOUISE.

Comment voulés-vous que je sanctifie le bal, la comédie par exemple ? Je vous jure que je n'y commets pourtant pas un péché véniel ; mais il y en a d'autres qui y péchent, parmi celles-là, il y en a peut-être quelques-unes qui ont des remords, & qui les font taire par mon exemple. Je passe pour une bonne chrétienne ; on me voit à la comédie, donc il n'y a point de mal à y aller. Dites-moi bien en conscience, ma Bonne, ces plaisirs, sont-ils criminels, je ne dis pas en eux-mêmes, mais parcequ'ils deviennent pour quelques âmes foibles un sujet de scandale ?

Madem. BONNE.

Eh ! pourquoi m'interroger, ma chère, quand votre conscience a décidé si juste ? Ne diroit-on pas à vous entendre que tout le bonheur de votre vie est attaché aux bals & aux spectacles ? Quelle bagatelle vous arrête ! Que refusés-vous à un Dieu qui a tout fait pour vous ! Car enfin, encore

core deux ou trois sacrifices comme celui-là, & je vous vois dans le chemin du salut. Vous en avés fait de plus pénibles, assûrement ! Ceux-là vous attireront tant de graces, que vous bénirés l'instant où Dieu vous a inspiré de les faire.

Lady LOUISE.

Mais, ma Bonne, que dira mon mari ? que diront mes amies ? N'est-ce pas afficher la singularité, & vouloir me donner pour meilleure que les autres ?

Madem. BONNE.

Mais, Madame, que dira Jésus-Christ qui vous demande ce sacrifice ? A l'égard de votre époux, je sais qu'il a les plus grandes dispositions pour le bien, & qu'il vous sera facile de le faire entrer dans vos vûës. Payés cette complaisance qu'il aura pour vous, par une complaisance sans bornes en tout le reste qui n'intéressera pas votre âme. Employés les caresses, les priéres : vous en viendrés à bout. Pour vos amies, dites leur tout uniment que l'Evangile nous récommande la vigilance, la priére continuëlle, & que vous ne sauriés

riés prier & veiller sur votre cœur dans les spectacles. Qu'en peut-il arriver ? Elles se mocqueront de vous ; peut-être quelques-unes suivront-elles votre exemple. Vous serés très-heureuse dans ces deux cas, puisque vous souffrirés persécution pour la justice dans le premier, & dans le second vous engagerés une âme rachetée du sang de Jésus à faire un pas vers le salut. Quand je vous parle des bals, ma chère, je n'entends pas parler de ceux qui se font chés le Roi le jour des naissances. Votre rang vous force à vous y trouver, c'est un devoir ; la décence y préside, & vous pouvés en sortir de bonne heure.

Lady LOUISE.

Ensorte que je pourrois aller dans un bal où tout se passeroit comme chés le Roi ?

Madem. BONNE.

Non, Madame. Souvenés-vous qu'une des raisons qui vous engagent à y renoncer, est la crainte d'autoriser les âmes foi-

foibles. Revenons à ce que Dieu demande de vous, & qui se réduit à bien peu de chose. Il ne faut que vous détachés intérieurement du monde où vous devés vivre parceque Dieu vous y veut, mais où vous devés vivre en chrêtienne ; c'est-à-dire, que lorsqu'on vous adressera des propos libres, ou contre les mœurs, ou contre la charité, ou contre les maximes de l'Evangile, vous ne rougissiés point d'en marquer votre horreur sans vous embarrasser de ce qu'on en dira.

Lady LOUISE.

Savés-vous bien, ma Bonne, que tout se réduit réellement à ces deux articles ? Il me semble avec la grace de Dieu, que je me tirerai assés bien du reste. Mais, comme vous le dites fort bien, qu'est-ce donc que je refuse à mon Dieu ? La repugnance horrible que je sens à lâcher ma demi-guinée pour payer ma place ; ces pauvres qui semblent me la reprocher ; tout cela, n'est-il pas une preuve que je dois renoncer à ce plaisir frivole ? Je n'ose encore vous promettre de le faire ; demandés, je vous prie, à Dieu qu'il me donne le courage de lui obéir.

Madem.

Madem. BONNE.

Et moi, je vous promets de fa part une abondance de graces qui vous récompenfera à centuple de la mifére que vous facrifiés. Mais notre maître eft bon ; il ne méfure pas l'offrande par fa valeur : feulement a-t-il égard à la pénitude du cœur avec laquelle on l'a fait.

Fin du Troifiéme Tome.

www.ingramcontent.com/pod-product-compliance
Lightning Source LLC
Chambersburg PA
CBHW070738170426
43200CB00007B/568